125遊戲，提升孩子專注力系列8

99 連連看遊戲

把專心變有趣

暢銷增訂版

臺安醫院身心醫學科 / 小兒心智科 / 精神科主任醫師 許正典
接案臨床心理師 林希陶 ●合著

透過遊戲練習，發展兒童專注力

　　在兒童發展心理學中，這些年來對專注力的概念有諸多提醒。首先，專注力在兒童的發展上的重點在**選擇性注意力**（selective attention），對一般兒童來說，六到十歲間是發展的關鍵時刻。

神經可塑性，有助孩子勤能補拙

　　其次，選擇注意力的發展上，「抑制能力」（inhibition），及「專注策略」（attentional strategies）是兩項重要的影響因素。

- **抑制能力**：指稱的是孩子是否能控制內外在不當的干擾刺激。
- **專注策略**：則泛指專注過程中的產生、控制、使用及活用等能力。

　　回到臨床上最常見的ADHD兒童的注意力發展困境，簡單的說，就是這類「選擇性注意力」背後的抑制及專注策略出了問題。

　　當代許多腦科學的研究反覆指出，ADHD兒童的腦部發展比一般兒童要慢或異常，這部分除了一般熟知的前額葉（prefrontal lobe）外，也包括了尾狀核（caudate nucleus）及小腦等區域。當代的腦科學研究，也一再強調，盡管這些孩子們的大腦發展出了問題，但神經可塑性（neural plasticity）的科學發現，卻提示著我們：勤能補拙的可行性。

家長陪同練習，成效更顯著

　　勤能補拙中「勤」與「拙」之間的關係，指的是適量的練習可以修補發展困境。那麼，要練習什麼就變成關鍵。臨床心理師的工作，正是在發現這些專注力發展有困難孩子的特殊需要後，編製適當合理的練習方法，來協助他們。

　　兒童臨床心理師林希陶先生，長期與這些孩子和他們的家長工作，他所發展的這套專注力紙筆遊戲活動，就是嘗試將上述學理的議題，做了非常靈活的發揮！透過這些不同型態的紙筆遊戲活動（包括圖式與文字），我相信這些孩子會發展出較佳的專注力的。因為在這些活動中，孩子們需要調控他們的抑制能力，也得運用不同的專注策略，才能順利完成。

　　但正如希陶在前言中所提到，家長和孩子一起做，漸進式的鼓勵，並將這樣的經驗用在學業和生活上，才容易看到成效。作為台灣兒童臨床心理工作的一分子，我非常開心的知道他持續有創意的編書、寫書。也期待這項工作能慢慢和研究結合，朝向更嚴謹的方向邁進！

政治大學心理學系教授　姜忠信

好玩、可愛的
幼兒專注力訓練好書！

　　不知從哪個年代開始，孩子「不能輸在起跑點」成為父母的最高養兒育女宗旨！市面上也開始出現針對幼兒，甚至是胎兒、零歲兒童的各式成長訓練、或是潛能開發課程。

　　其實，除了生病的孩子，一般兒童的成長都可順利依循大自然的時間表，一步一腳印地慢慢成熟。不論是兒童的肢體動作、認知能力及大家極為關切的注意力能力都是如此！

　　近年來，注意力會受到家長及教育界重視的原因，可能與注意力是成功學習之本吧！容易集中精神學習的孩子，學習效果必然是事半功倍的。**「注意力」指的是針對被指定的事情持續關注的能力。**

　　當然，影響注意力的因素很多——孩子本身的個性特質、學習的環境，及學習內容的趣味性等，都是影響注意力的眾多因素。注意力雖然是與生俱來的能力，但是後天的加強及訓練，還是可以讓孩子這方面的能力更為提升。

　　訓練專注力最好是利用教具，目前市面上充斥專注力訓練的工具書，但是極少是針對學齡前的幼兒。許正典醫師及他的團隊以他們卓越的專業知識及多年的臨床經驗，及時出版了這套令人引頸期盼的好書！而這套書最成功之處，就是將簡單的幼兒學習方式變得極具吸引力和有趣，書中的圖片生動活潑、訓練技巧包含專注力、精細動作及手眼協調等相關能力。

　　這本書適合父母在家中與幼兒一起學習；玩玩、畫畫的過程中，可以增強孩子對圖形的興趣和敏感度。單是這一分心意，這套書就值得嘉許！

臺灣兒童青少年精神醫學會理事長　張學岭

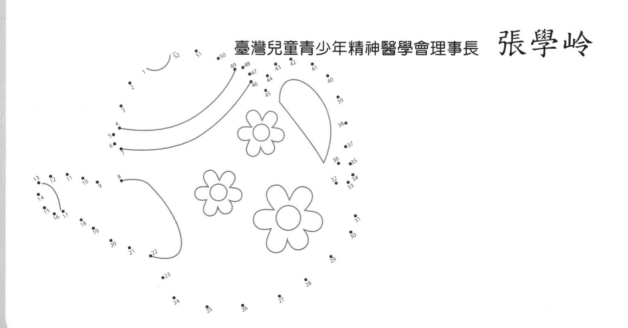

玩得開心，更能專心

從事醫療工作已超過三十年，常在自己熟悉的領域中發現，不少患有消化系統毛病的大小患者，多半還抱怨個人有不同嚴重程度的注意力不集中困擾。有些人是因為內外的壓力大而造成無法放鬆、玩不起來，進而演變成身心狀況的不適；另外，則是生活不規律而產生失序、脫序，亂玩一通而導致自律神經的失調。

在診治過程中我會教導患者重新注意自我生命和生活的平衡，透過適當的放鬆情緒和思緒來輔助藥物療效，往往都能有明顯的身心改善，玩得比以前更開心，也能專心工作享受生命。

所以從小能培養專注的好習慣，是往後成人學會忍受、挫折、擇善固執並堅持成功的重要關鍵。尤其「兒童是國家未來的主人翁」的使命驅使，傳統的疾病醫療也轉成積極的健康促進，能夠及早協助孩童的發展，特別是好好的訓練專注力，對於未來的學習動機和認知功能都有重要而直接的影響。

從臺安醫院小兒心智科和早期療育門診都發現，兒童注意力失調（注意力缺失或過動）的求診人數不斷攀升，家長因無力教養或憂鬱焦慮而求診精神科也逐年升高。如何在症狀初期即有效改善，甚至協助孩子和父母重新架構注意力系統，成為心智科醫師和兒童心理師需要一起努力的重要議題。

　　本院在2000年成立「兒童心智發展復健中心」，結合小兒心智、小兒復健及小兒神經三大發展專科醫療，再加上兒童心理、職能、物理和語言等各領域治療師，為眾多注意力失調所困擾的小孩提供策略及系統的解決和改善症狀，也深獲家長和老師的肯定和好評。2005年「表達性藝術治療中心」更掀起藝術治療的應用熱潮，讓注意力訓練更生動有趣。

　　這套遊戲書在本院許正典醫師和前本院林希陶臨床心理師的巧思妙手下，運用「神徑可塑性」的發展理論，設計出一系列由淺至深，至易而難的注意力訓練遊戲，不僅在臨床個案的應用成效良好，更可改善和增強一般兒童的持續性注意力。

　　尤其是書中特別強調家長（或陪伴者）的參與，給予適當的鼓勵和激勵，才是孩子玩得開心、玩出專心的最大動力，讓我真心推薦給您和孩子！

財團法人臺安醫院院長　黃暉庭

把專注變成有趣又有成就的事

文／許正典

　　「125遊戲，提升孩子專注力」系列書籍上市也有數年的時光，據出版社統計已經有超過二萬戶親子家庭從玩書中遊戲而學會專心也增進親子互動。

遊戲，讓孩子主動投入學習

　　回想當初因緣際會在新手父母出版社眾編輯的鼓舞下，開啟了我和希陶心理師另一條投身專注力教學的趣味之路；原來是一板一眼的緊迫盯人來監督專心，變成是新奇好玩的創意啟發中自然互動，我們不再只是待醫療專業的有限領域來被動專注，而是真正落實於無限生活的聚精會神，讓孩子不要視專注為畏途，而是有高度動機來投入和學習。

　　出書的好處不僅是落實理論的實踐，更重要是體會「教學相長」的樂趣。樂此書而不疲的孩子們忙著一邊遊戲，一邊找出書中的失誤（因為許叔叔說找出一個就再送一本）；和孩子一起玩此書的爸媽們則是有的加油鼓勵，有的比小孩還專注在找答案。

孩子的轉變是最美好的回饋

　　其中最讓我感動是一位媽媽的分享：「我不知道教孩子專注可以這麼自在有趣；過去我只知道要全副武裝地盯他寫功課，不斷地在孩子耳邊叨念不要忘東忘西；但他是愈念、愈做、愈出錯，而我則是勞心、勞力、勞出病，最後弄得他煩、我煩、大家煩，好幾次我都很想放棄算了。」

「現在我們母子不僅都很期待玩書上的遊戲，孩子還會自己創造新的遊戲來考我，在生活上也會主動幫忙做家事、幫我捶背，變得很懂事又很貼心喔！」聽到不只一位家長的回饋和鼓勵，實是意想不到的收穫。

有鑑於專注力學習應該是「與時俱進」，所以我和希陶也順應教學趨勢和呼應廣多大小讀者的需求，積極構思如何再接再厲，繼續編寫全新的「99遊戲書」系列來持續引導專注力的發展學習。

專注、持續、調控 注意力三部曲

我們從實證醫學的角度來看，專注力的學者與訓練也不宜過早，以免顧此失彼，造成心智成長失衡失速；也不宜過短，衍伸許多的挫折感受和衝動不良反應。

在新專注思維的架構下，「專注－持續－調控」的注意力節奏三部曲一直是我們不變的主軸；但在這次99新遊戲方式和內容安排下，孩子自然能啟動大腦的專注力系統，開始在歡樂的氣氛和愉悅的情緒中自我練習和學習，真正達到我們所希望「寓教於樂」的專心境界。

在這次新版的注意力遊戲設計上，我和希陶特別針對迷宮與連圖做了99種好玩又有學習感的變化；迷宮是為了集中力與組織力的綜合訓練，而連圖則是要培養持續力與視覺動作協調力，透過我們美編的巧手繪製與並茂圖文，相信樂在其中的孩子與用心陪伴的家長，一定能體會「累積成就、建立自信」的學習價值所在。

最後要感謝新手父母出版社的小鈴總編，是她鍥而不捨的專注才會有這次新的「99遊戲書」的枝開散葉，百花齊放；還有主編雯琪的不時溫柔電話與信件問候，提醒我和希陶隨時上緊發條，持續努力。更重要是所有喜愛和支持的大小讀者們，由於您們對專注的熱愛和執著，不斷地在書中尋找學習的樂趣和發現練習的價值，才是我們一直樂此不疲、永續專注的編寫動力！

在家長的陪伴之下，
進行合適的專注力練習

文／林希陶

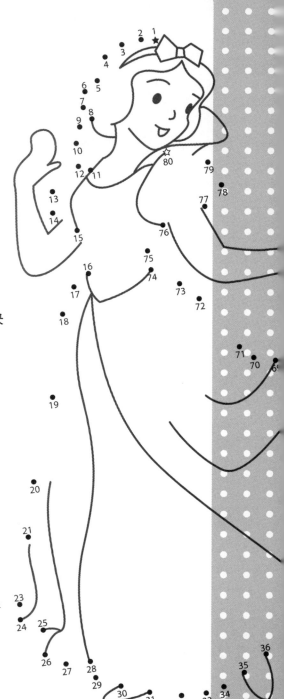

　　自從投入臨床兒童工作以來，注意力缺失相關的議題，一直是我專業生涯中持續需要面對、解決的課題。不管是在衡鑑或治療的當口，甚或是出外演講，注意力不足的話題，永遠是家長相當在乎並且需要迫切解決的難題。

視兒童發展進行專注力訓練

　　觀察兒童之注意力狀態成熟與否，最重要、最優先的指標是兒童發展的情形。一般而言，注意力的發展與生理年齡有密切相關，大約五歲到六歲的小孩才能適切地關注周遭環境的變化，大約七歲的小孩才能建立較為良好的集中式注意力（focus attention）。

　　因為孩童的腦部是不斷地在生長發育的，太早就進行注意力之訓練是徒勞無功的，尋求短時間之內就突飛猛進是不切實際的。過度且不適當訓練，只會揠苗助長，甚至衍伸出過多、不適當的生理及心理反應。

家長的協助是孩子成長的助力

　　為了解決這個急迫的問題，編寫相關的書籍成為刻不容緩的目標。相關書籍從發想開始，經過縝密思考、臨床應用進而實際製作出版，迄今已逾五年。一直以來，個人希望透過遊戲的方式，改善孩童們注意力。期望此書成為一個窗口，對於注意力感興趣的人，都能一窺究竟，進而獲得協助。本書編寫的方式，是以家長為出發點的設計。家長在一旁的協助、參與是相當重要的環節，積極地投入絕對是小孩成長最大的助力。

　　本書籍考量兒童發展狀況，由簡至繁，由易至難。每天需在家長的陪伴之下，進行合適的練習。家長及老師們可以協助小孩，將遊戲中所學習到的技巧，如抑制自己不合宜的衝動反應、系統性的做計畫、遵守指導與規範等等，應用到日常生活。如此，孩童才能有效的使用注意力，進而協調、指揮其他認知能力。

專注力訓練沒有捷徑

　　近來，我經常被詢問一個問題，就是有無單一有效的方法可治療注意力缺失。答案很顯而易見，就是沒有。這個問題完全反應出社會大眾的迷思，大部分的人還是追求簡單、速成的方法，這也是為何藥物會變得很普遍也是相同道理。英文有句諺語大家都聽聞過，「There is no royal road to learning！」，學習沒有捷徑，心理運作更加複雜也是如此。要有療育效果，肯定需要耗去大量的時間精力，不可能不勞而獲，更不可能一日千里。

　　注意力缺失概念之討論已超越一個世紀。一百年來，這條蜿蜒曲折的道路至今仍有未知之風景，相關的研究如雨後春筍般方興未艾。當然，這條小徑仍有許多值得探究之處，本書只是提供一種探索的方法。期待家長及相關的專業人員，能對本書的各項內容，提供寶貴的指教與建議。

如何使用這本遊戲書

文／林希陶

　　注意力是所有認知能力的基礎，一個具有良好注意力的兒童，才能擁有更為高階的能力，如學習、記憶、計畫能力、空間能力、語文能力等等。

　　有注意力缺失的兒童，經常會表現出粗心、忘東忘西、思慮不周、缺乏計畫、無法等待、無法注意細節、排斥學校作業等，有的兒童合併有說話過多、大聲喧嘩、無法安靜端坐、到處跑來跑去、沒有思考就行動等過動、易衝動的行為。從過去的文獻可知，注意力缺失可運用心理學的方法，以行為治療的方式來加以增進。

☀ 用對方法，孩子自然專心

　　「神經可塑性」是近來神經科學的重大突破。目前研究顯示，神經細胞不只可以重新生長，也可以產生新的連結。只要運用適當的方法，我們是可以透過適當訓練增進大腦多種認知能力，其中也包含注意力。

　　本系列遊戲書以注意力理論為基礎，主要設計的理念都在於練習「集中式注意力（focus attention）」，也就是對於該做的反應給予正確的反應；對於不該做的反應，則不給任何反應。

　　由此概念為出發點，設計出一連串注意看、注意細節的遊戲，以增強兒童的持續性注意力。這些遊戲不只適用於臨床個案，也適用於一般注意力稍有不足之小孩，以增進孩童的注意力持續度。

5歲以上孩子都適玩

　　本系列遊戲書陸續規劃中，若孩子能力許可且有相當興趣的話，可在父母陪伴之下，持續提供這些遊戲。若小孩在遊戲之中注意力能改善的話，所訓練的能力才能進一步應用至日常生活中，兒童的衝動行為才有可能逐漸減少。

　　所有的遊戲皆已實際應用於臨床工作上，也確認可協助注意力不足之孩童。但需要請您注意的是，一般的兒童約三到六個月的時間，注意力才會有改善，每個小孩改善的幅度也不一樣。在兒童練習的過程中，可先從每日十分鐘開始，再逐步拉長時間，至多以每日三十分鐘為度。

 ## 鼓勵與陪伴，才是重點

　　需要提醒您的是，您需陪伴您的孩子進行這些遊戲，並適時地給予鼓勵，您的陪伴與溫暖是孩子進步最大的動力。在小孩每次完成作業後，皆需鼓勵兒童的表現，可用簡單的食物、玩具或小孩認為有所回饋的物品。如此之下，才能日起有功，有所進步。

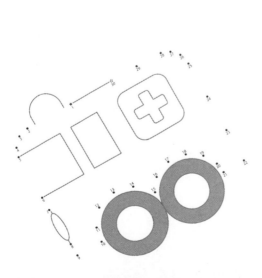

注意力不足過動兒童常見Q&A

文／林希陶

　　我們經常在外演講，總是會被詢問關於注意力不足過動症（以下簡稱ADHD）的相關問題。以下就一一來討論這些常見的問題，希望可以釐清各位家長的疑慮。

ADHD有沒有過度診斷？

　　先前有一則新聞，一位家醫科醫師受訪時表示，ADHD被診斷的過於浮濫，用藥也過多（先不討論她是家醫科醫師，而非精神科或兒童心智科醫師，到底能不能清楚知道診斷的過程），但以歷史的角度來看，確實是變多了。

　　以前的小孩每天放學回家都先在外面大玩特玩，玩累才回家，回到家之後電力都用完了，過動相關的問題被減至最低，或是說被隱藏了。另外，以前環境困苦，大部分的家長對於小孩行為問題並不會特別注意，更不可能就醫。

　　再者，現今這個時代，資訊流通，一有風吹草動，家長就會選擇帶孩子就醫；就診的孩子比較多，被診斷出來的孩子當然也就比較多。以前可能是

一萬人才有一人去看醫生，現在可能十人之中就有一人去看了，這是因為國家醫療進步，不應該輕易就下診斷浮濫的結論。

☀ ADHD的用藥過多？

至於用藥過多這個問題，其實並不只存在於精神科，所有科別都有同樣的問題。除了健保制度的影響，開藥過多也與一般民眾的就醫習慣有關。很多人去看醫生，覺得醫生沒開藥就好像沒看一樣，一定要拿到藥心理才踏實，不管之後回家到底吃不吃。

建議若有過動相關情形需要就醫，首選還是帶小孩去看兒童心智科，而非其他科別。面對醫師，也不要拿藥就了事，而是要好好討論孩子的現況，並願意嘗試其他非藥物管道，如提供注意力提升的機會(如使用筆者撰寫的125遊戲系列與99遊戲系列)、學習調整方法、閱讀相關書籍、進行心理治療等。

不過，並不是說藥物都不能使用，若小孩的狀況嚴重，也是可以使用藥物。請找合適的精神科專科醫師或兒童心智科醫師諮詢，而非其他不相關的專科醫師。

是否有單一有效的方法可治療ADHD？

除此上述的問題之外，幾乎場場演講都有家長詢問，有無單一有效的方法可治療ADHD？答案顯而易見，就是沒有。

這個問題完全反應出社會大眾的迷思，大部分的人還是追求簡單、速成的方法，為何藥物會變得很普遍也是相同道理。英文有句諺語大家從小都聽過，"There is no royal road to learning！"學習沒有捷徑，心理運作更複雜當然也不會有。要有療育效果，肯定需要耗去大量的時間精力，不可能不勞而獲，更不可能一日千里。

 ADHD進行治療的話要治療到什麼時候？

什麼叫做復原或治癒？在心理病理學上並沒有完全康復這件事。我們只會稱為「疾病緩解」，緩解就是症狀曾經存在過，現在看不到，但不代表這個疾病消失了。

以ADHD而言，大約有一半的孩子上了國中、高中後，因為生理成熟的緣故，會慢慢穩定下來。雖然現在的研究還未一致，有的研究認為這些人雖然過動症狀減少了，但是核心的注意力缺失還是存在，所以在往後的各種人生活動

中，因注意力不集中而出問題的比率常常比別人高。最常見的是開車超速闖紅燈、發生意外、違反規定等等，在理財、婚姻、性生活、工作、小孩等各方面的處理也常常出狀況。

筆者認為治療是沒盡頭的，因為這個疾病若是一直存在，還是要不斷的學習如何面對它，就像是希望體力變好一樣。例如我們一個星期跑三次步，連跑了三個月之後，體能狀況是變好了，但難道就此認為自己的體力可以永遠保持下去？運動是要持之以恆，心理的治療也是雷同（這裡所謂的治療是比較廣義的，也就是你可能不需要每個月去找醫師報到，但是你還是需要用各種方法面對自己，增強自己面對困境時的處理）。

目錄

給家長的話—怎麼陪孩子玩？
從1開始接續找尋下個數字，直到找到最後一個數字為止，除了專注力之外，還有助孩子記憶力的培養。

［99個連連看遊戲］

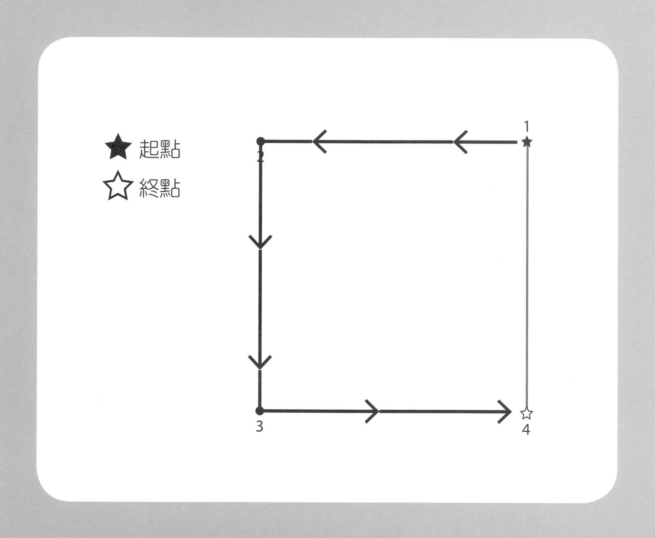

　　「連連看」的基本設計是小孩必須先瞭解數字的順序，從1開始，接續找尋下一個數字，直到最後一個數字被找出為止。若兒童注意力不集中，可能忘記接續的數字，也可能找不到下一個號碼位於何處。這時可以提醒孩子，回到上一個數字，停下來想一想，找尋一下附近是否有下一個數字。

　　若孩子可持續運用注意力，就會知道1找完要找2，2找完之後要找3，一個接一個，直到結束為止。

1

★ 起點
☆ 終點

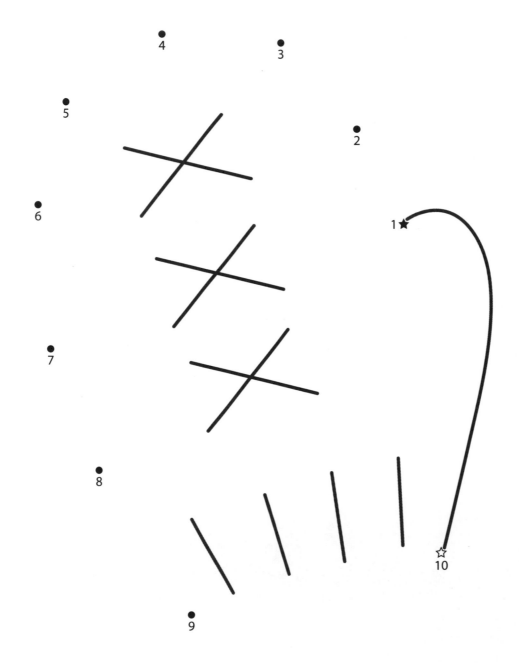

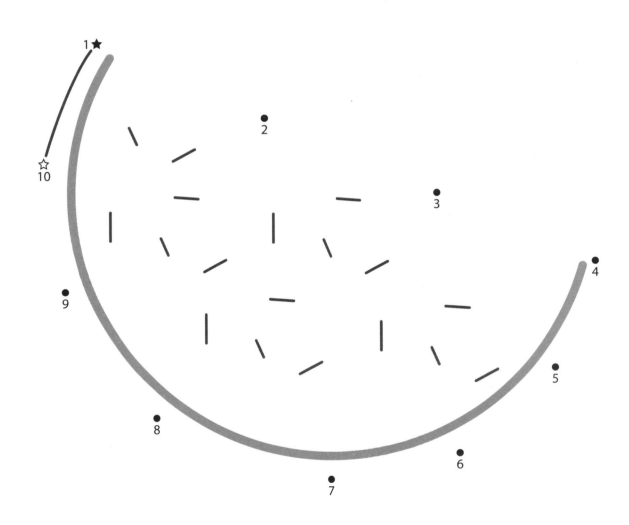

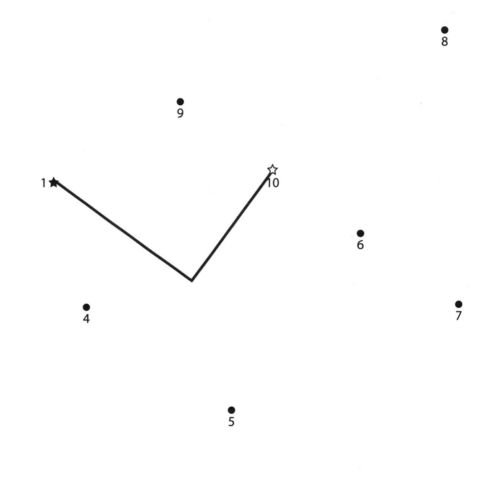

遊戲
小提醒　注意力缺失可運用心理學的方法，以行為訓練的方式來加以增進。

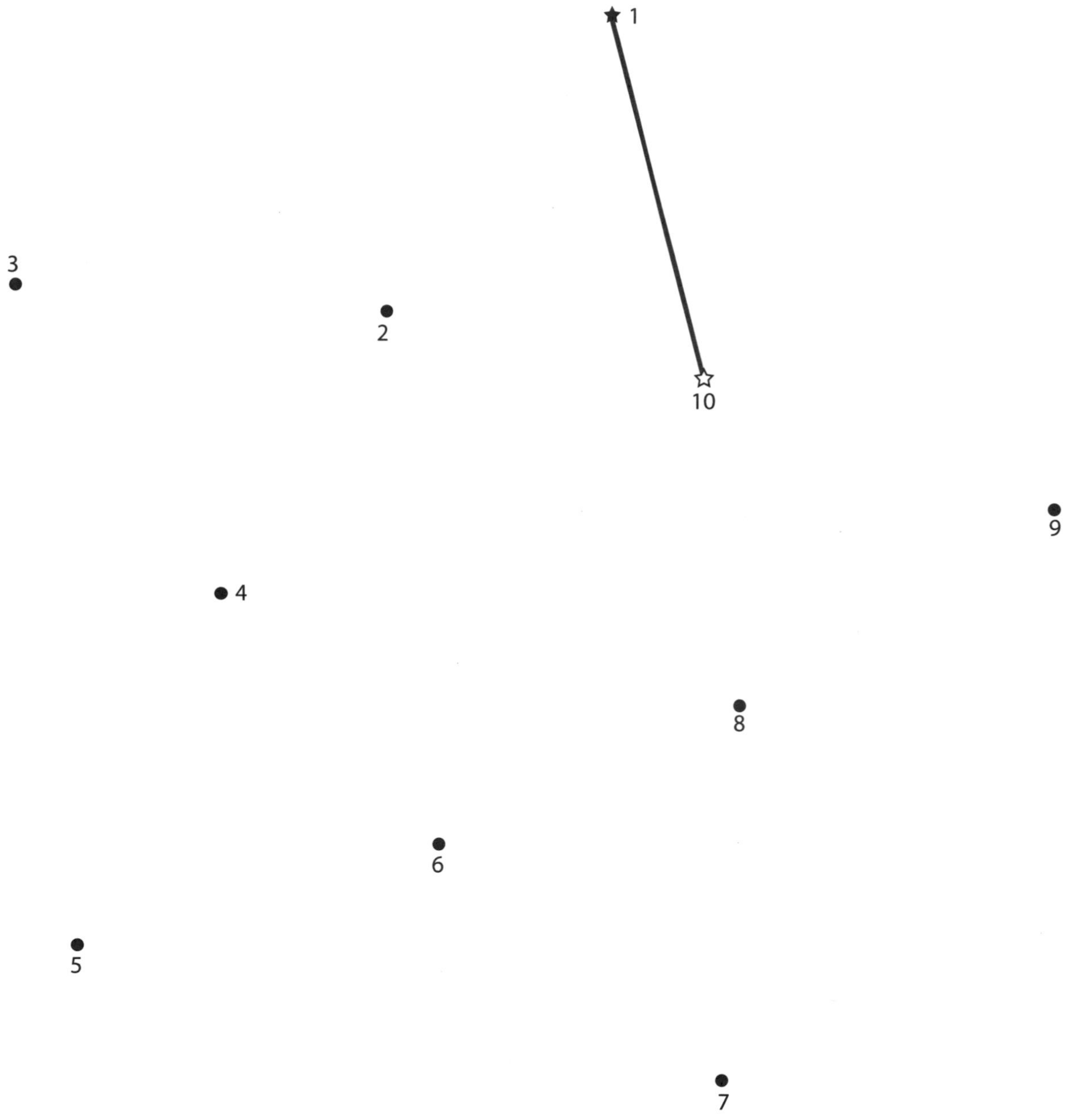

★ 1

3
●

● 2

☆
10

●
9

● 4

● 8

● 6

● 5

● 7

5

2 3

1 ★

9

4

10 ☆

8 5

7 6

遊戲小提醒 如果孩子還不會拿筆，可用手指代替。

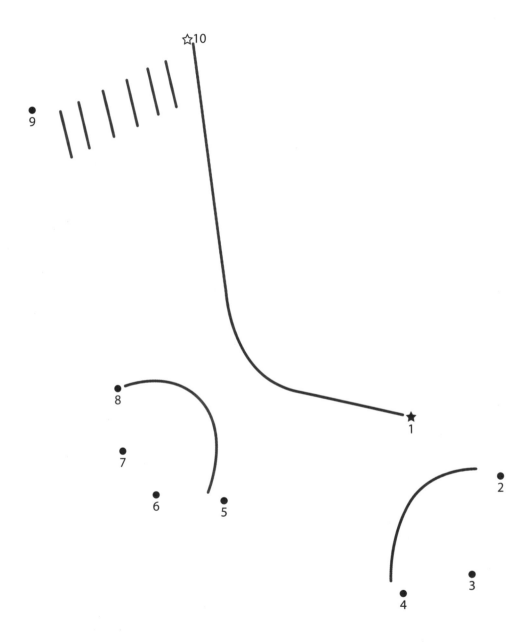

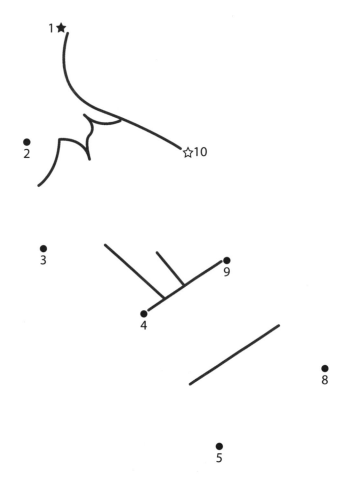

1 ★

2

3

9

4

10

8

5

7

6

● 7

● 8

● 9

☆10

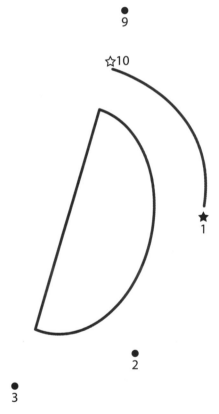

★ 1

● 6

● 2

● 5

● 3

● 4

9

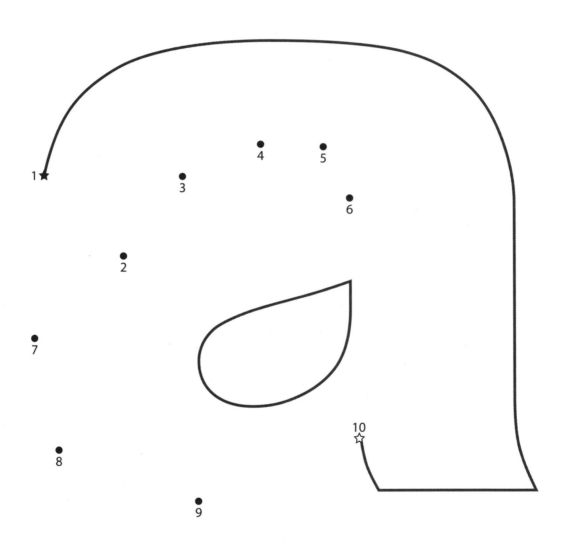

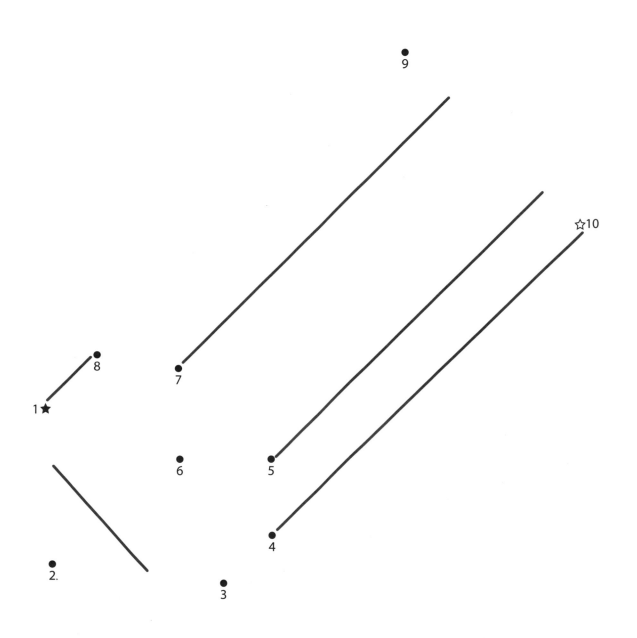

11

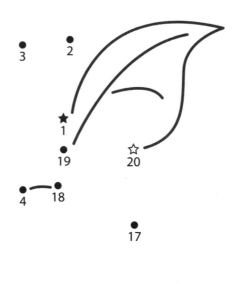

★ 1
2
3
19
20
4 18
5
17
6
16
7
15
8
14
9
13
10
12
11

30

遊戲
小提醒

請家長一起參與，共同完成。

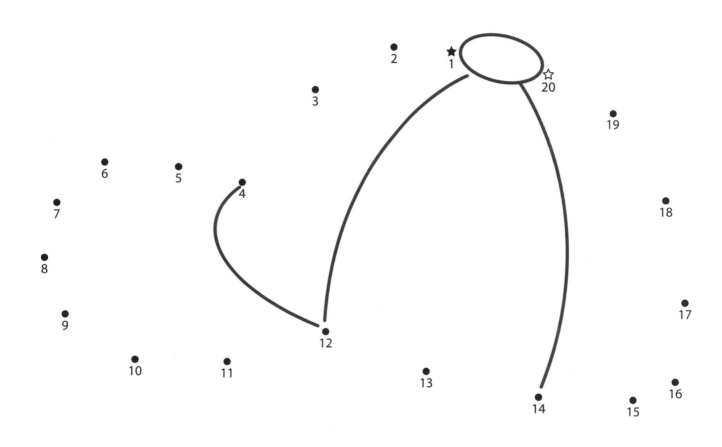

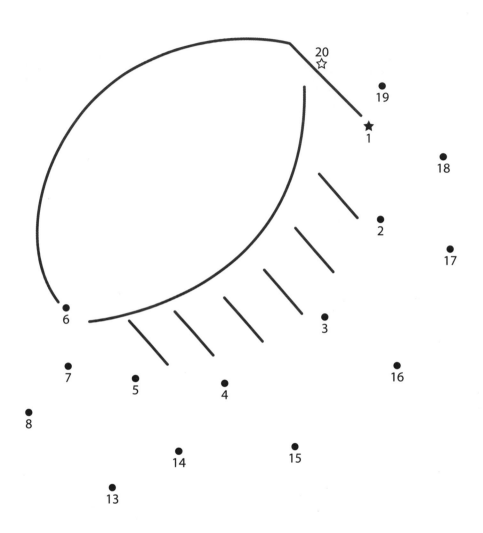

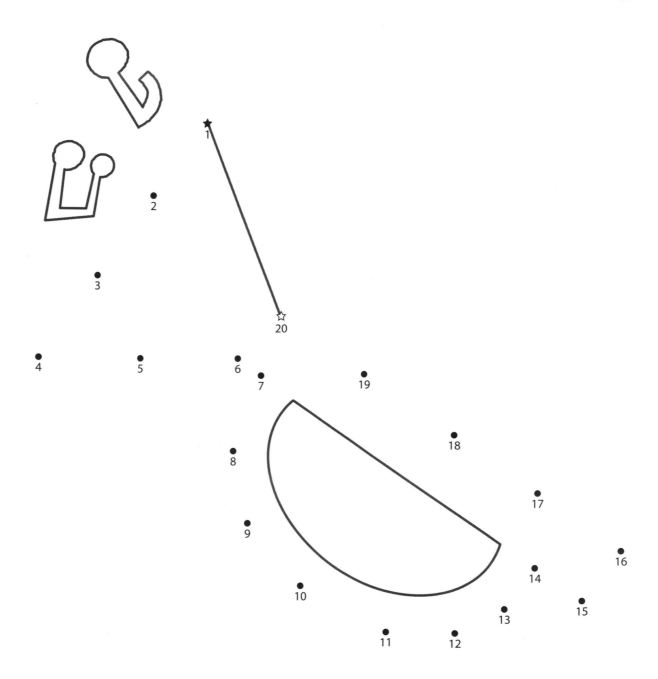

15

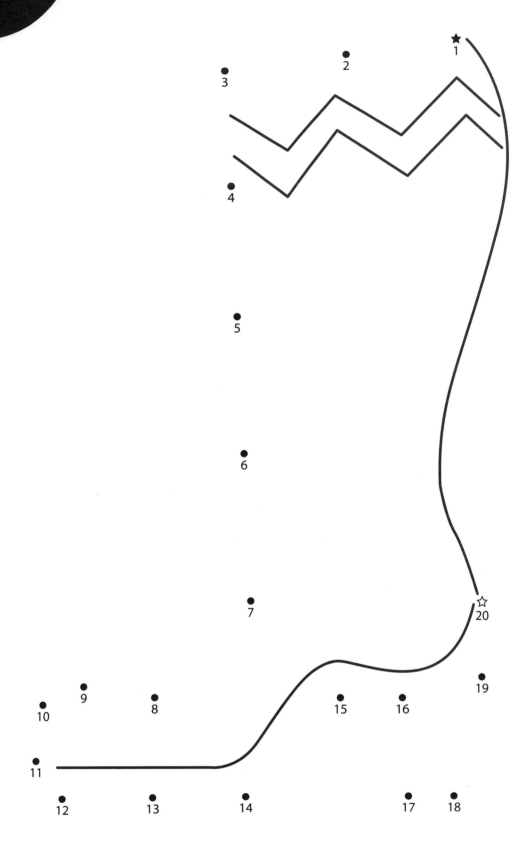

遊戲
小提醒
父母的陪伴與溫暖，是孩子進步最大的動力。

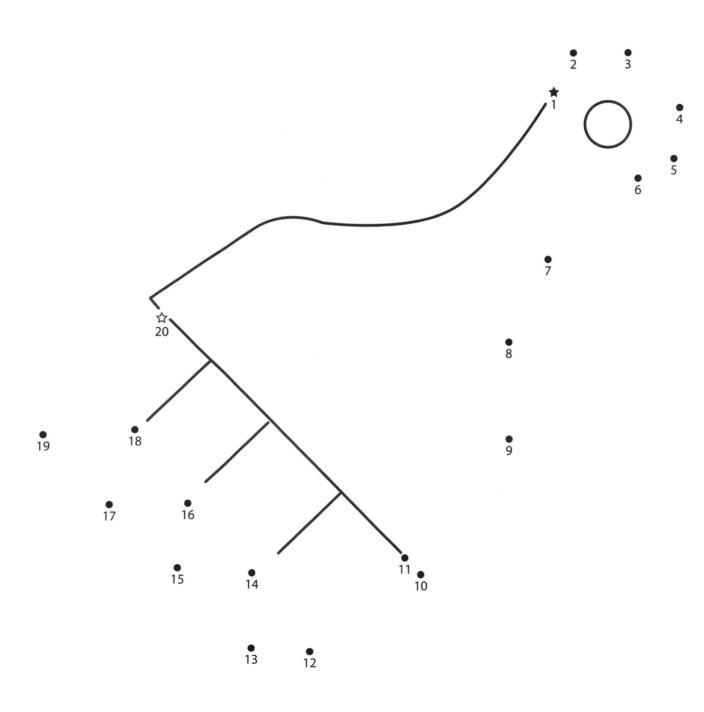

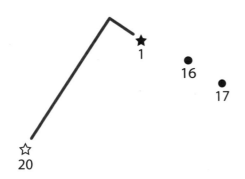

18

37

遊戲
小提醒

請逐一嘗試看看。

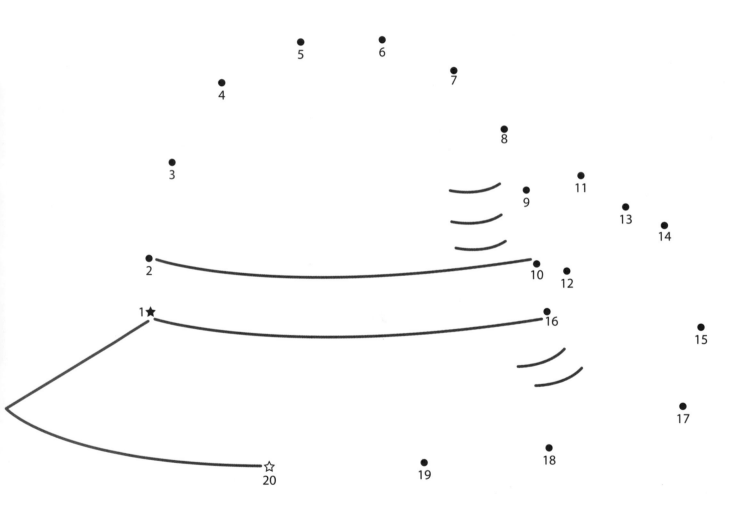

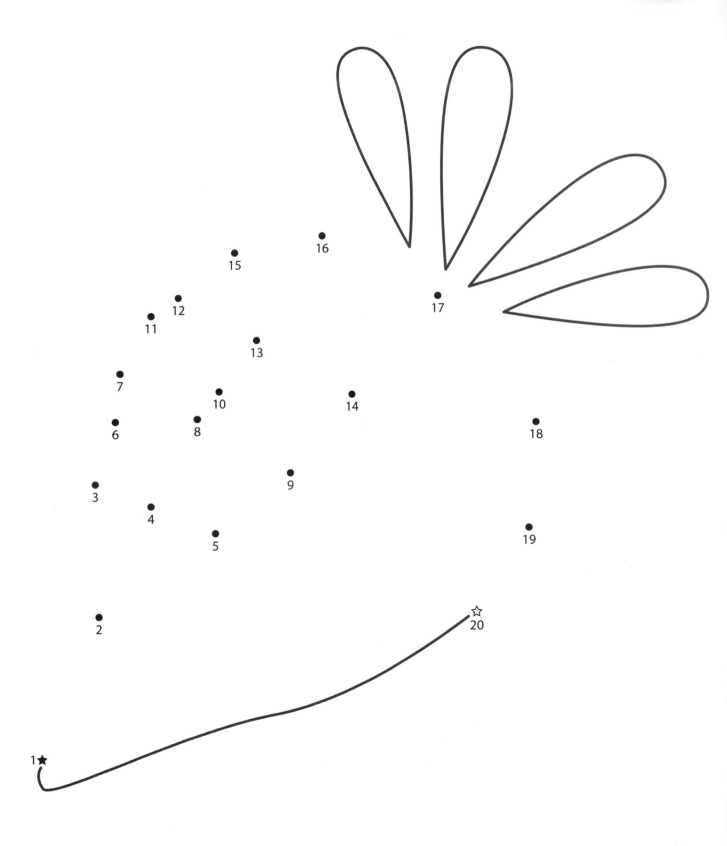

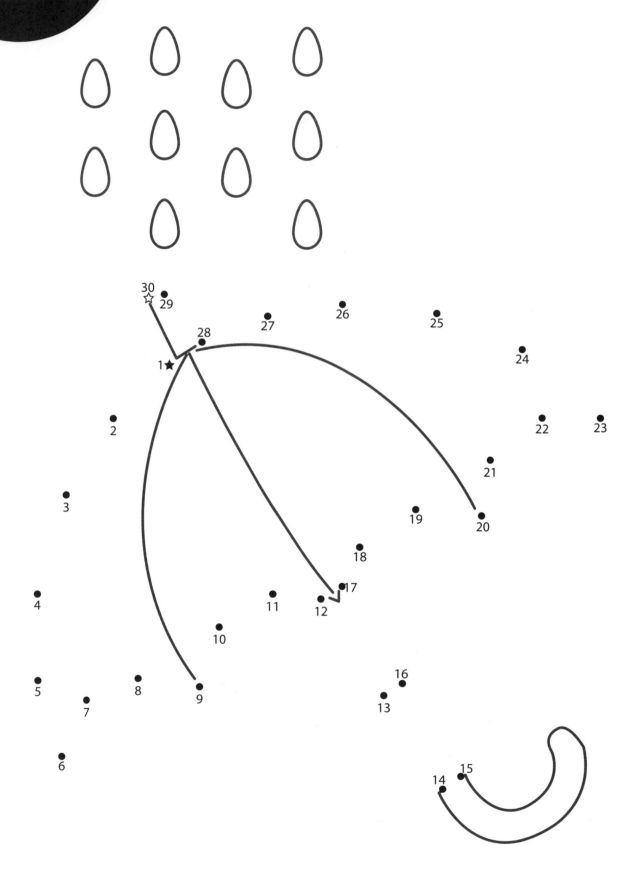

若孩子情緒控制不成熟，可以試著找到可以冷靜下來的方法。

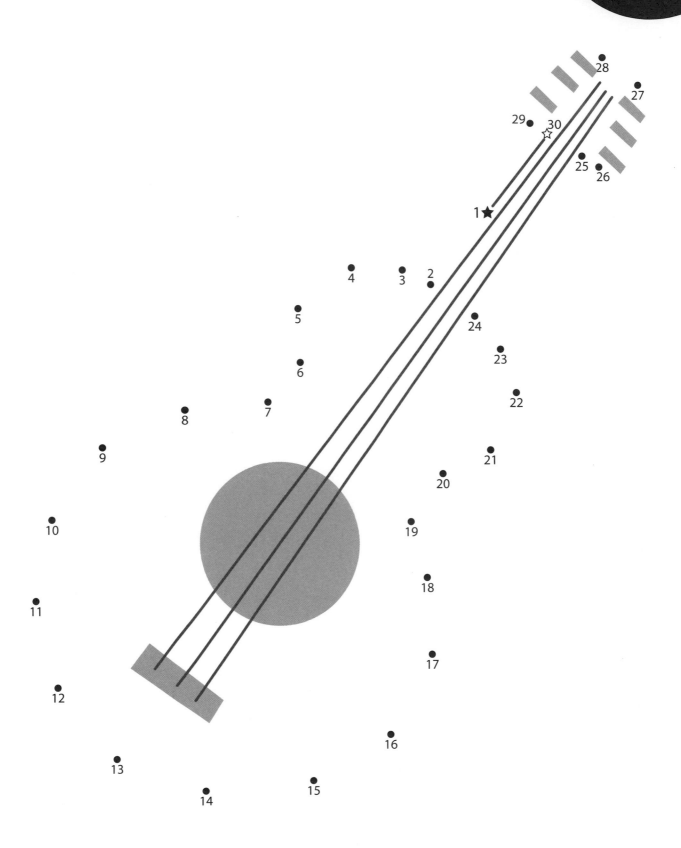

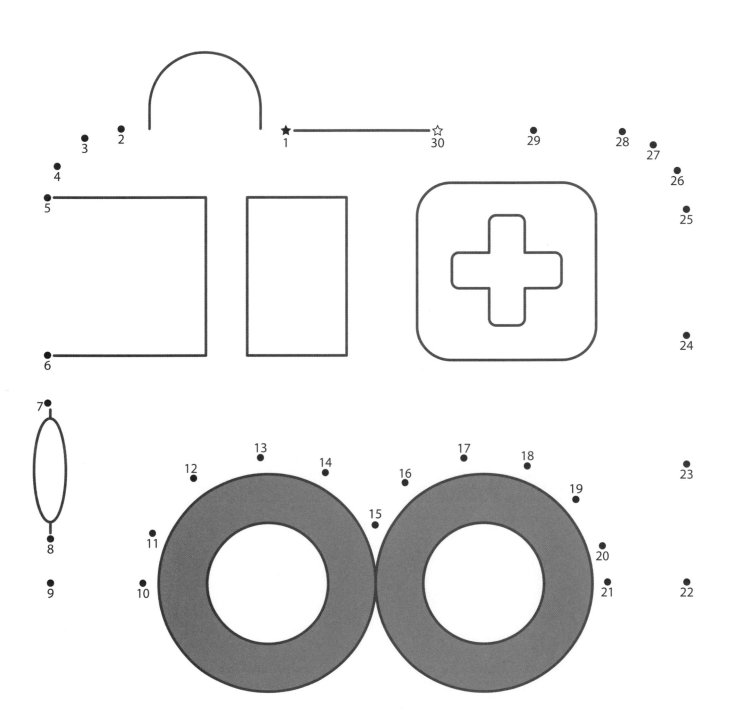

遊戲
小提醒　　請給予適量的遊戲，不用操之過急。

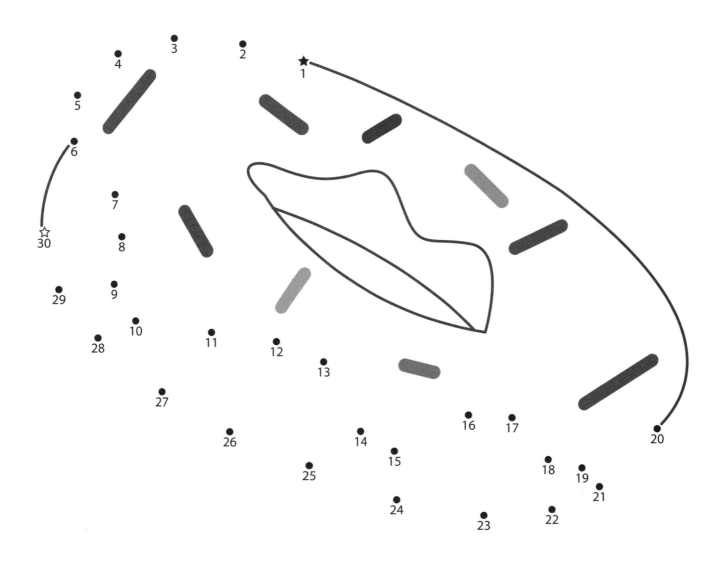

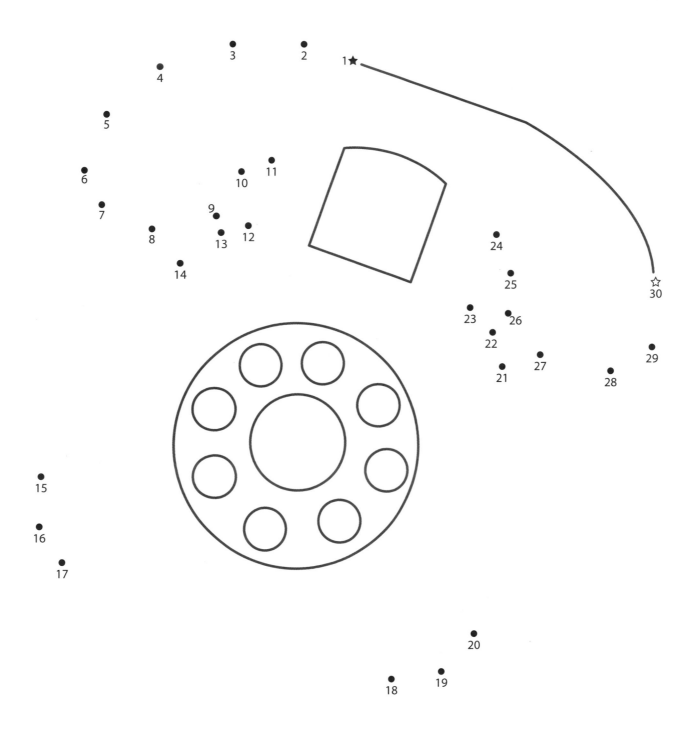

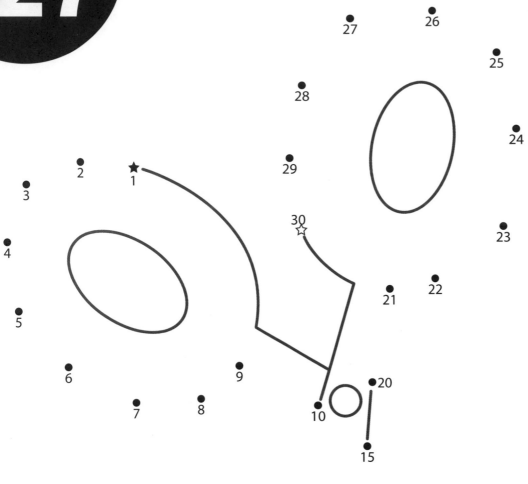

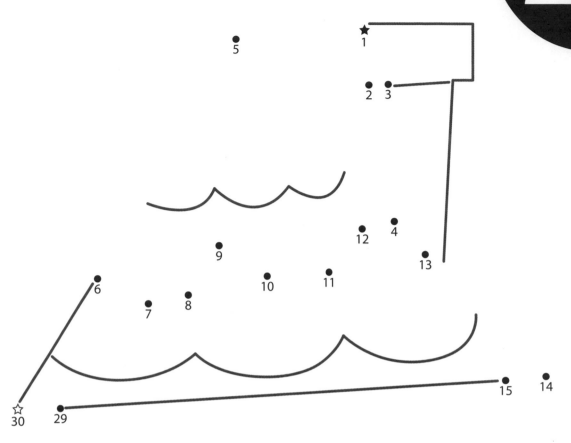
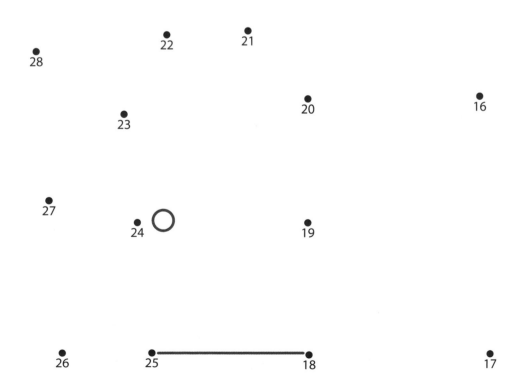

29

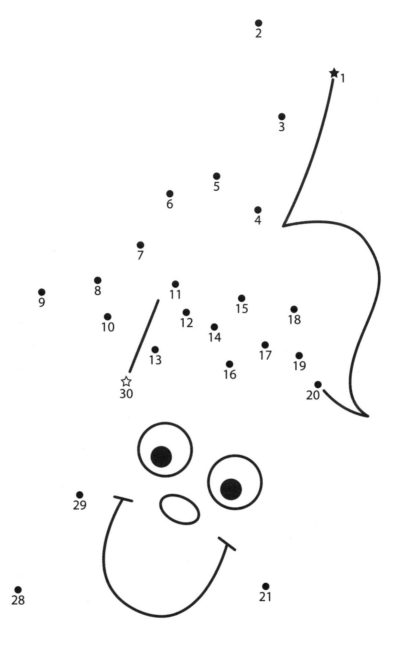

48

遊戲
小提醒

不用求好心切，慢慢的玩就行了。

★ 起點
☆ 終點

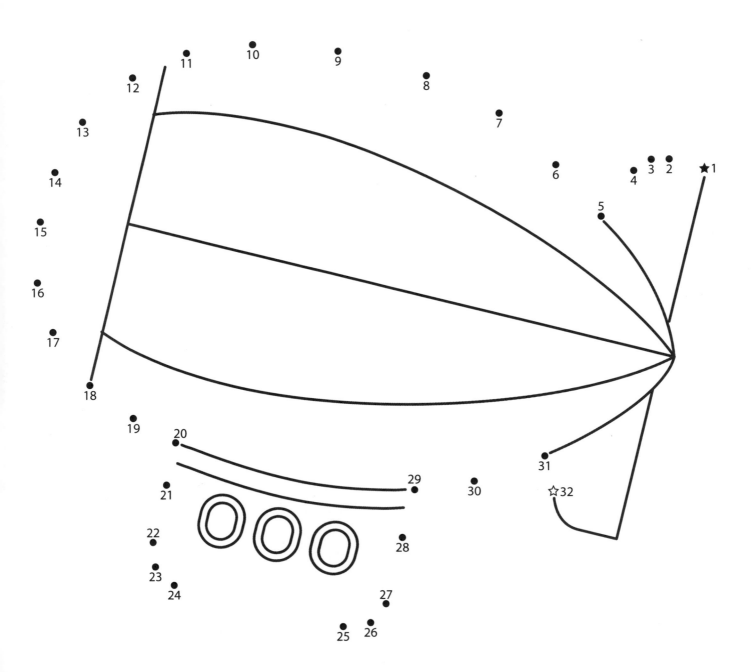

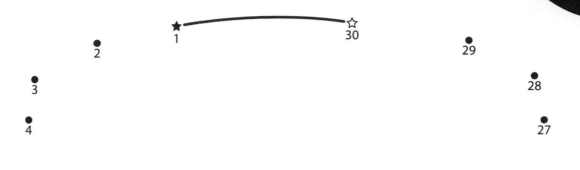

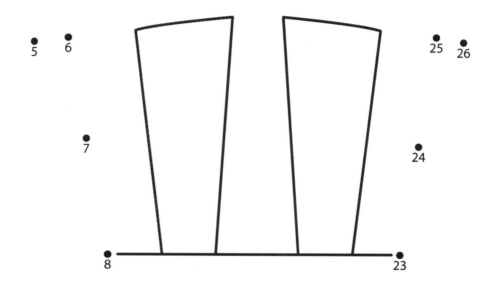

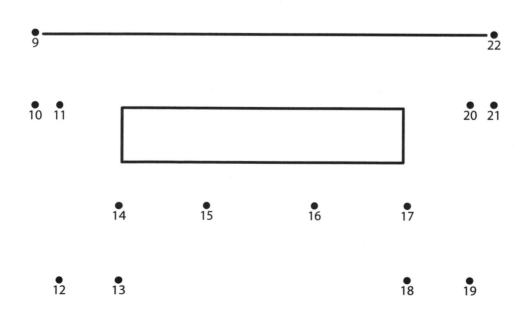

33

遊戲
小提醒

生活環境及生活習慣也會影響專注力發展，
父母應給孩子更多的時間及關心，從小培養
孩子面對各種事情都要專心投入。

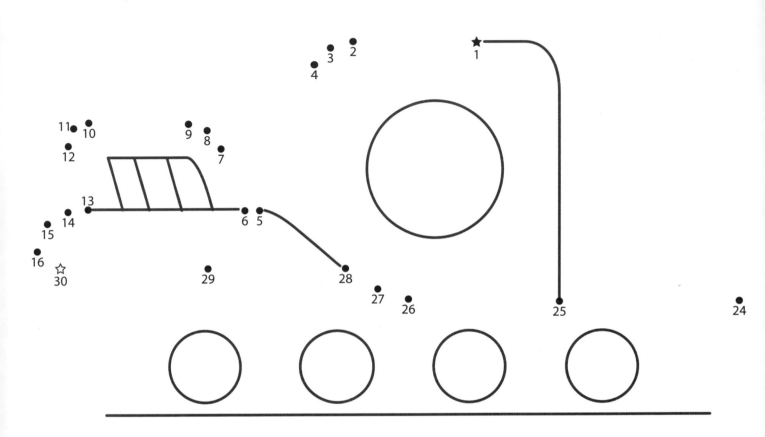

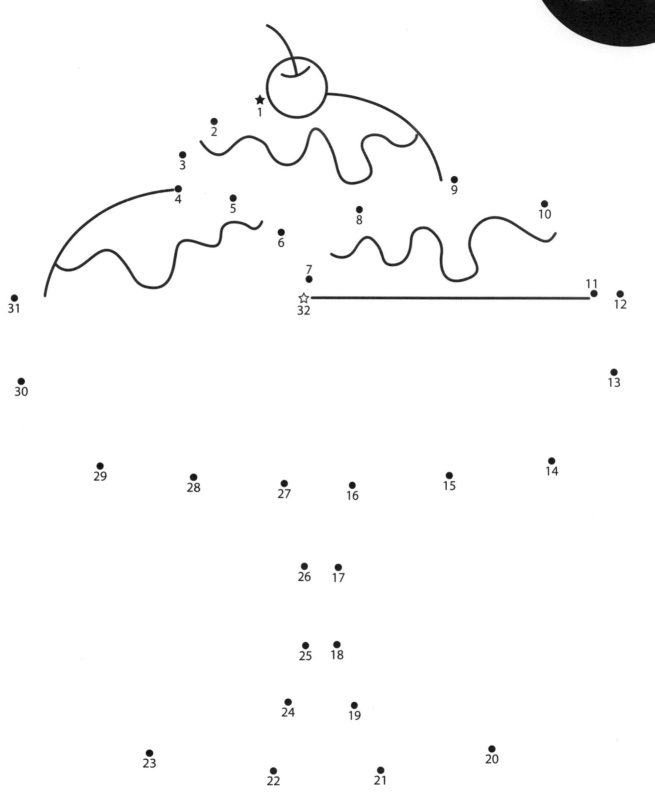

34

53

35

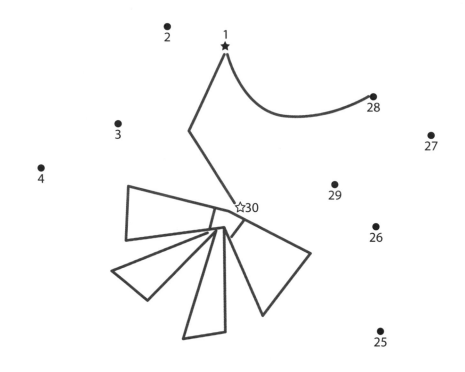

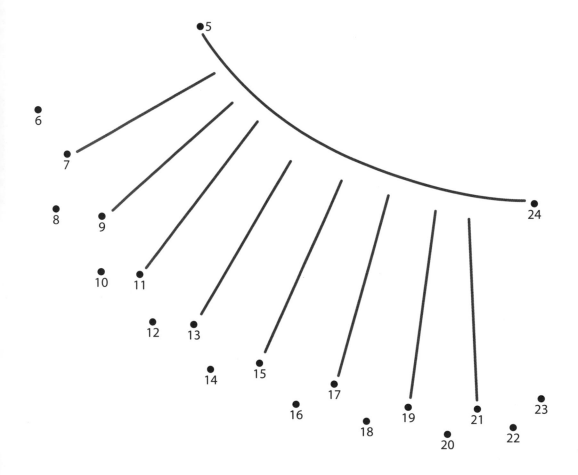

遊戲
小提醒　　畫錯了，沒關係，休息一下，再試試看。

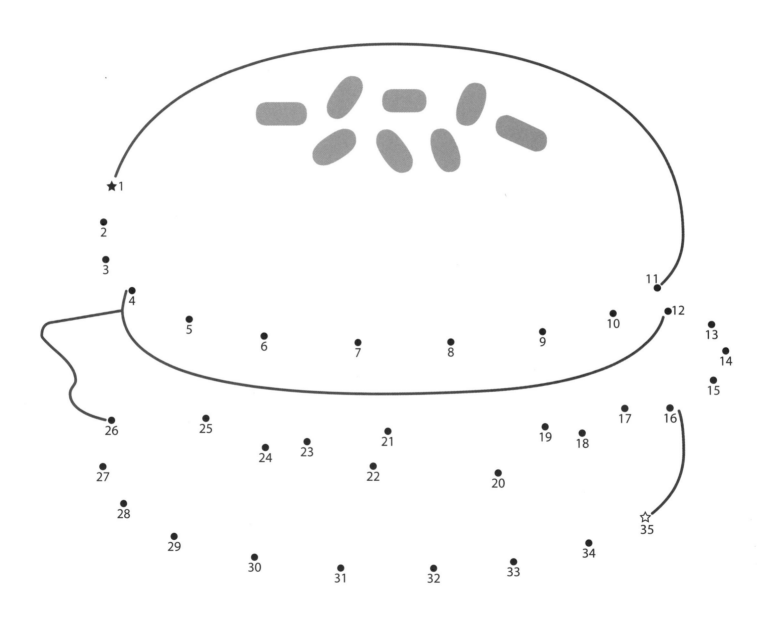

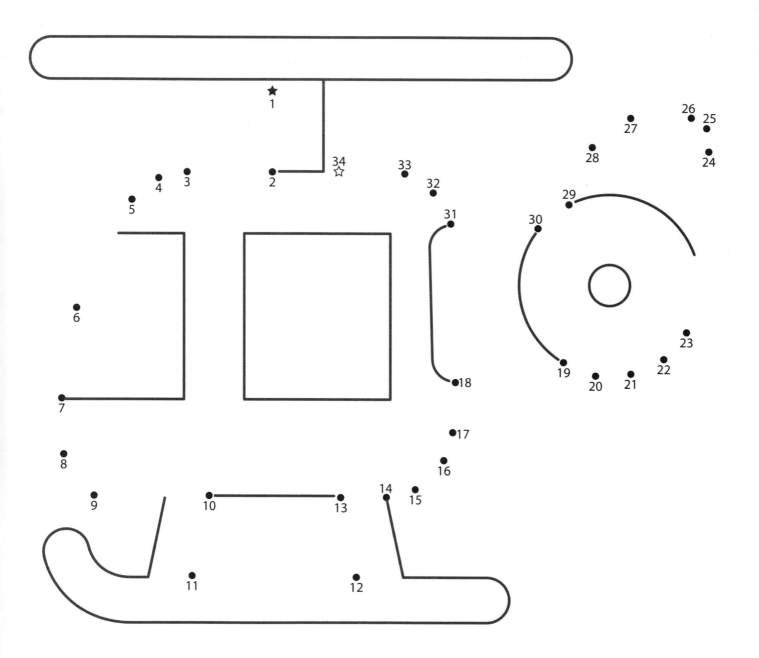

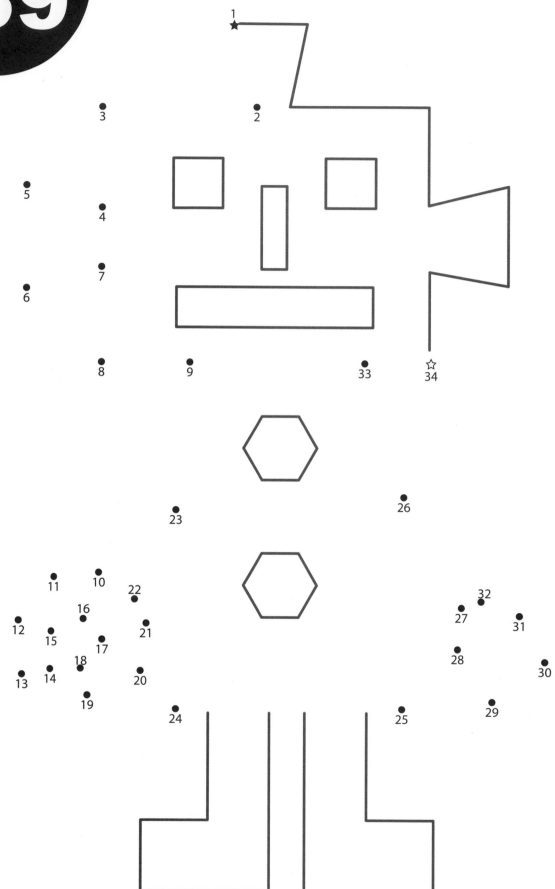

注意力可透過適當訓練，逐漸進步。

接納孩子的特質，不完美本就是人生的一部分。

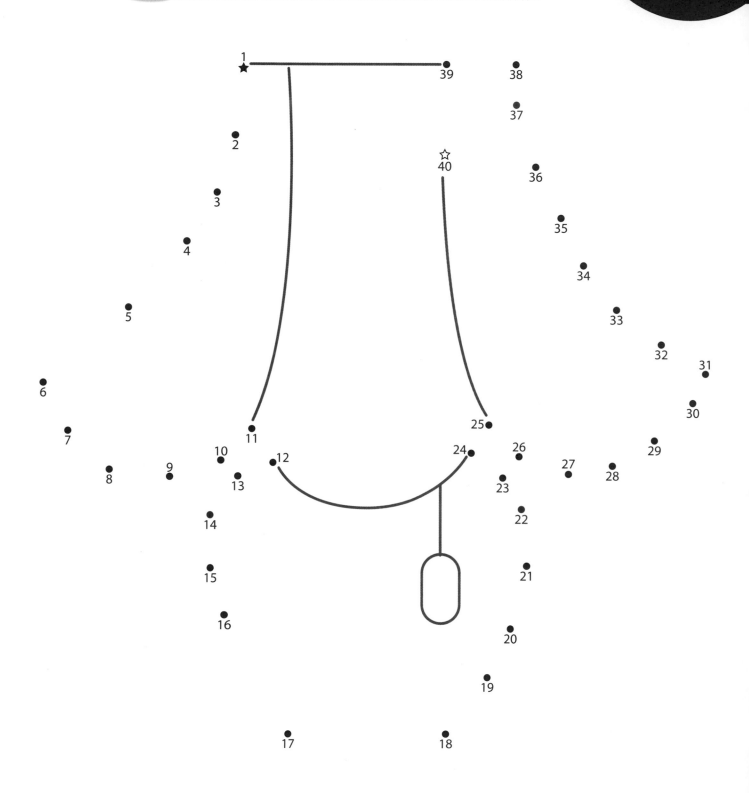

43

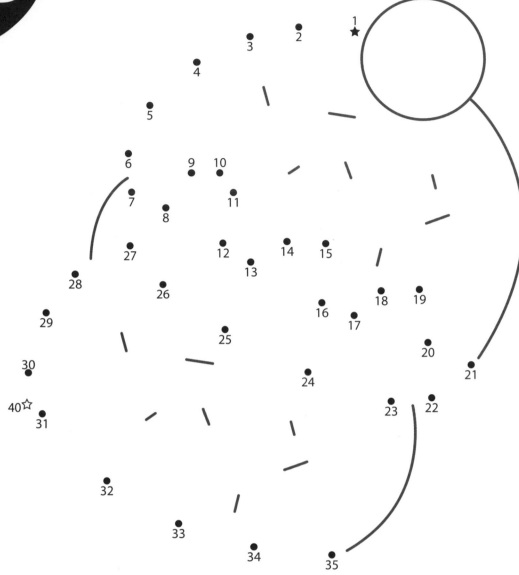

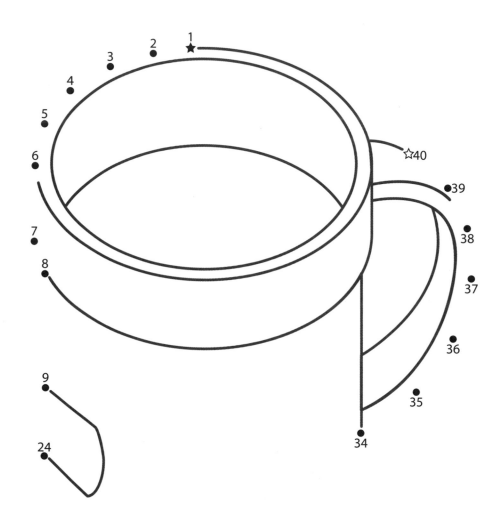

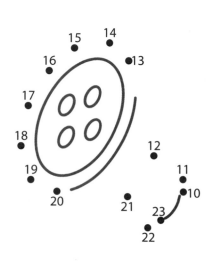

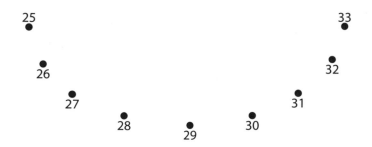

45

64

TOAST

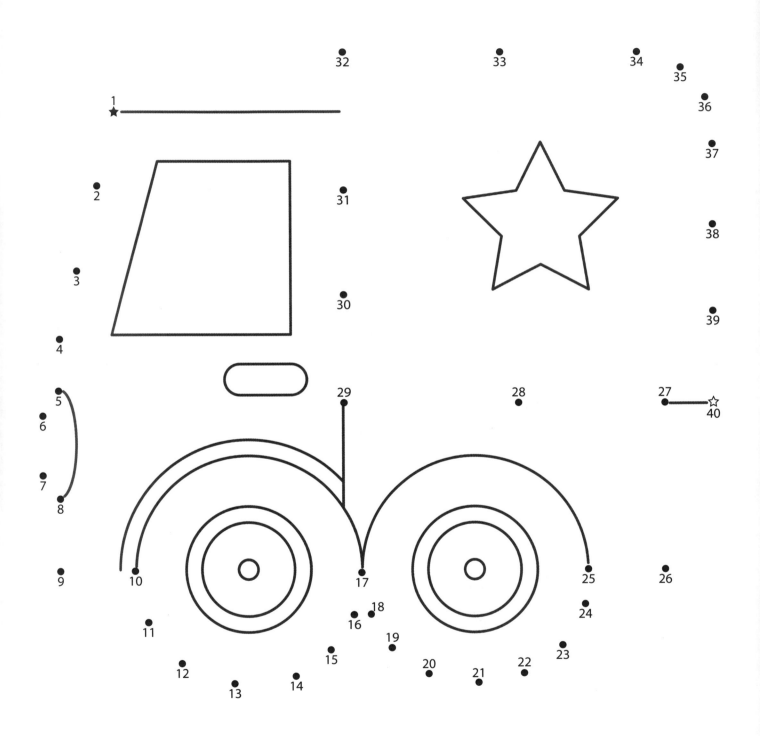

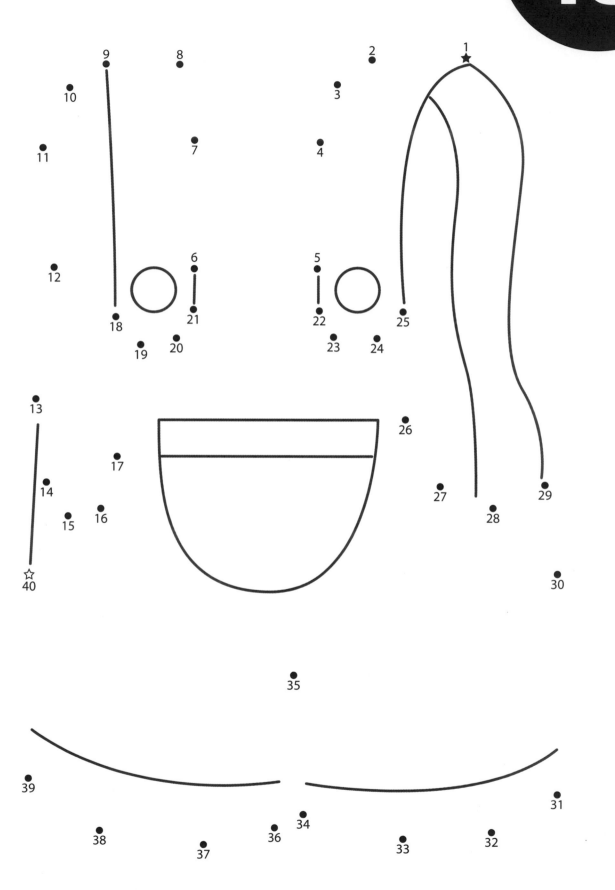

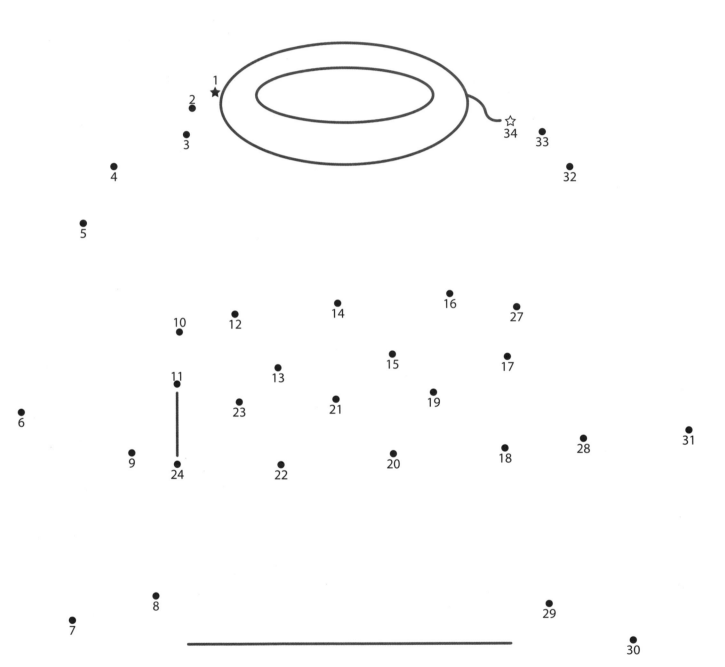

遊戲
小提醒　　　孩子們常常缺乏計畫，這是很正常的。

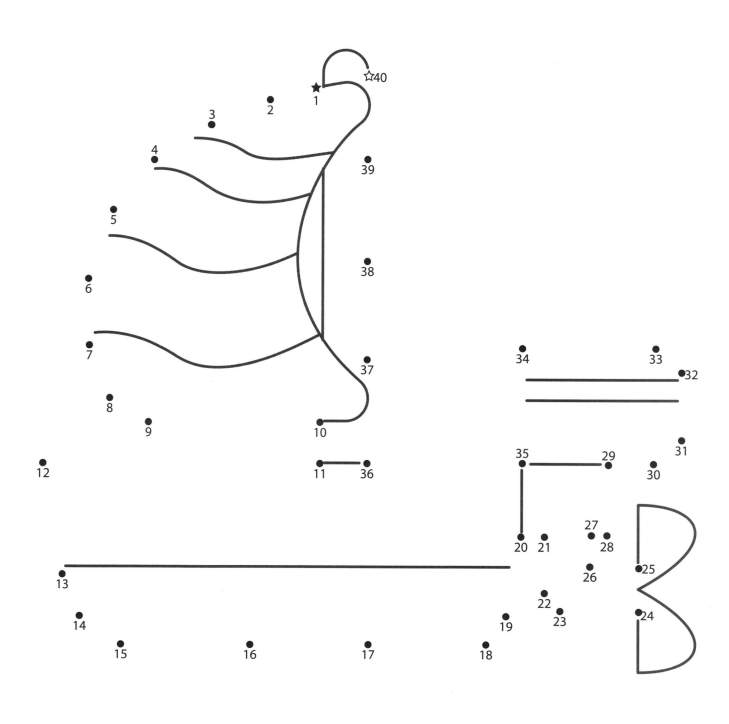

POLICE

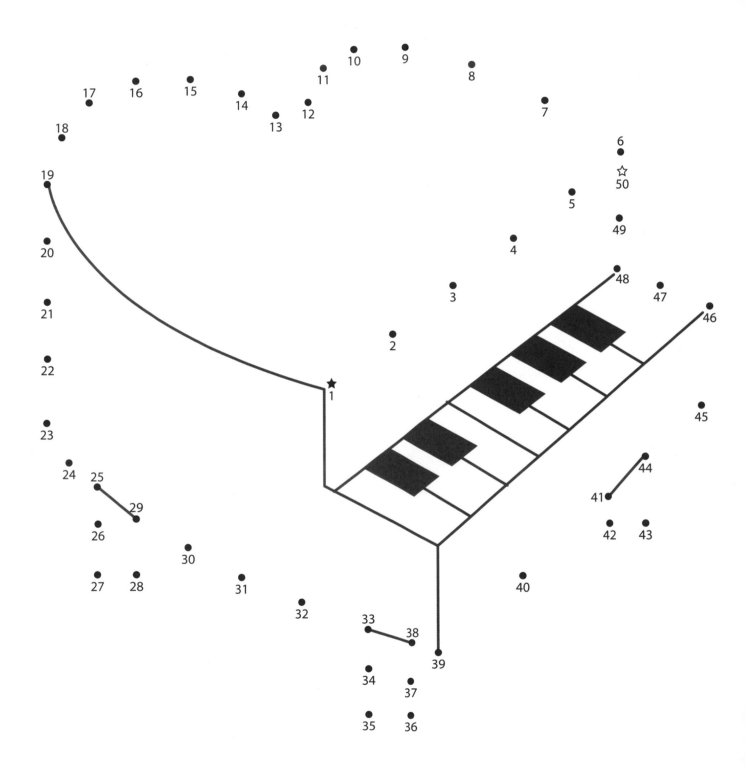

我們是可以透過適當訓練增進大腦的認知能力，當然其中也包含注意力。

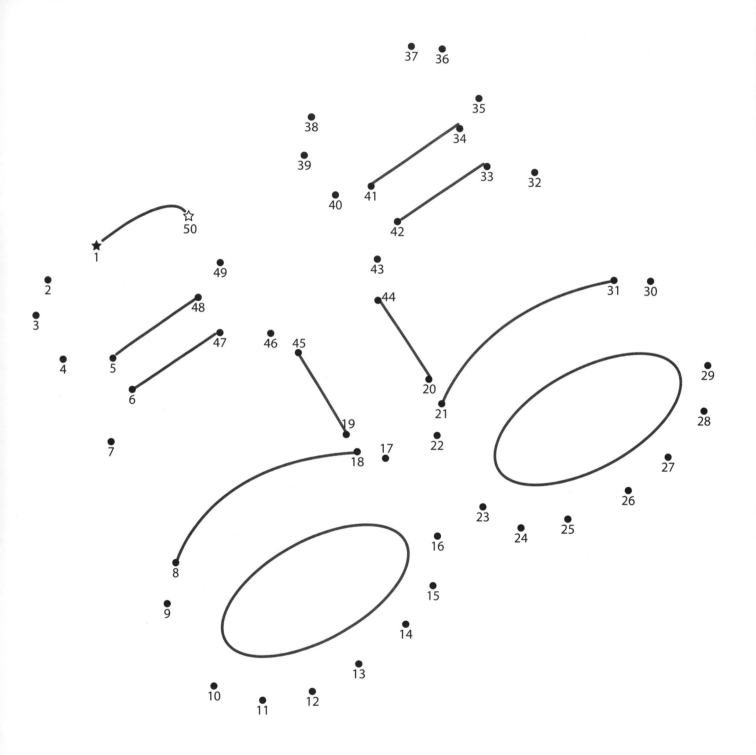

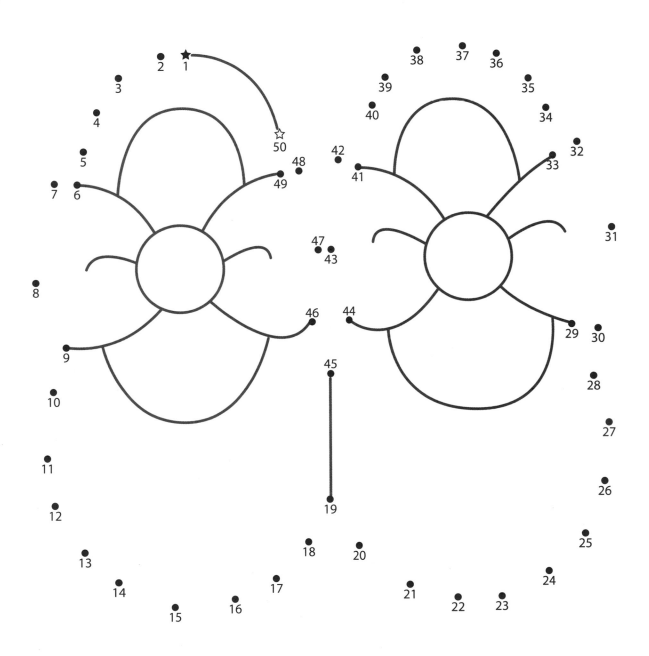

55

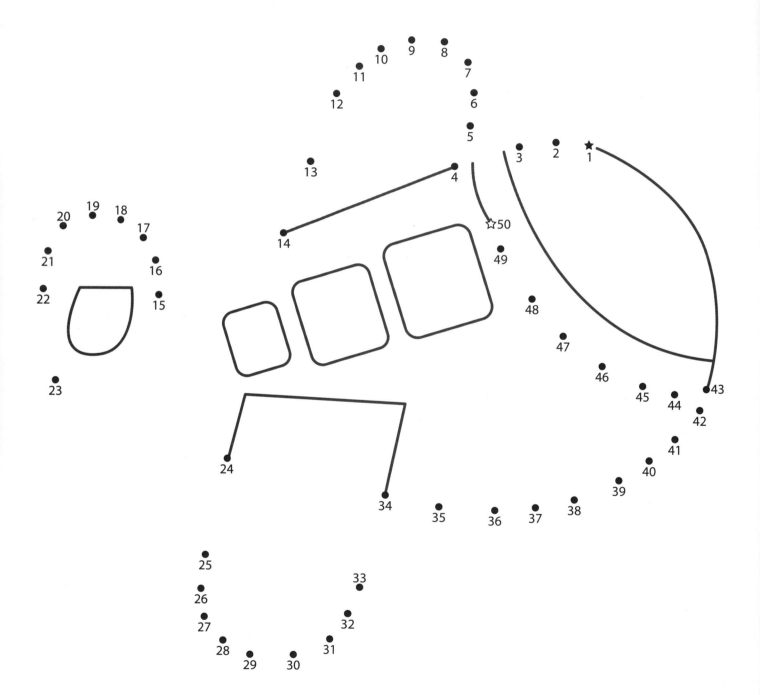

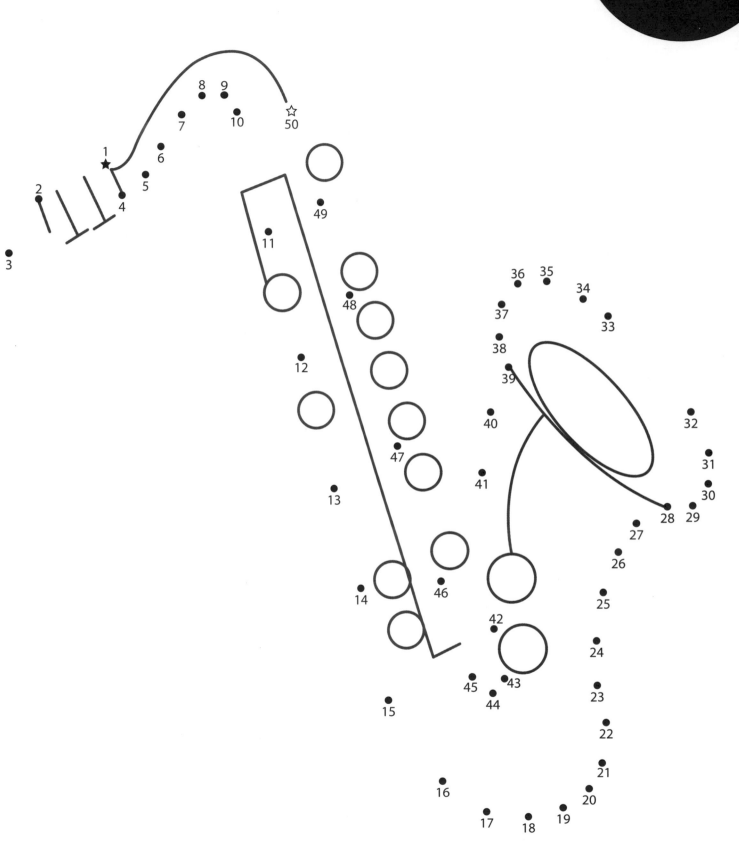

56

75

如果孩子答對了，請給予鼓勵，讓注意力可以持續。

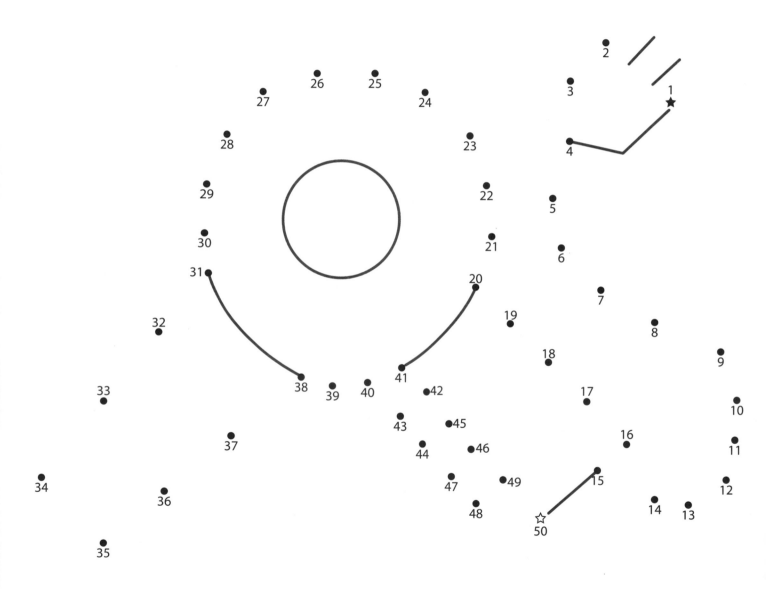

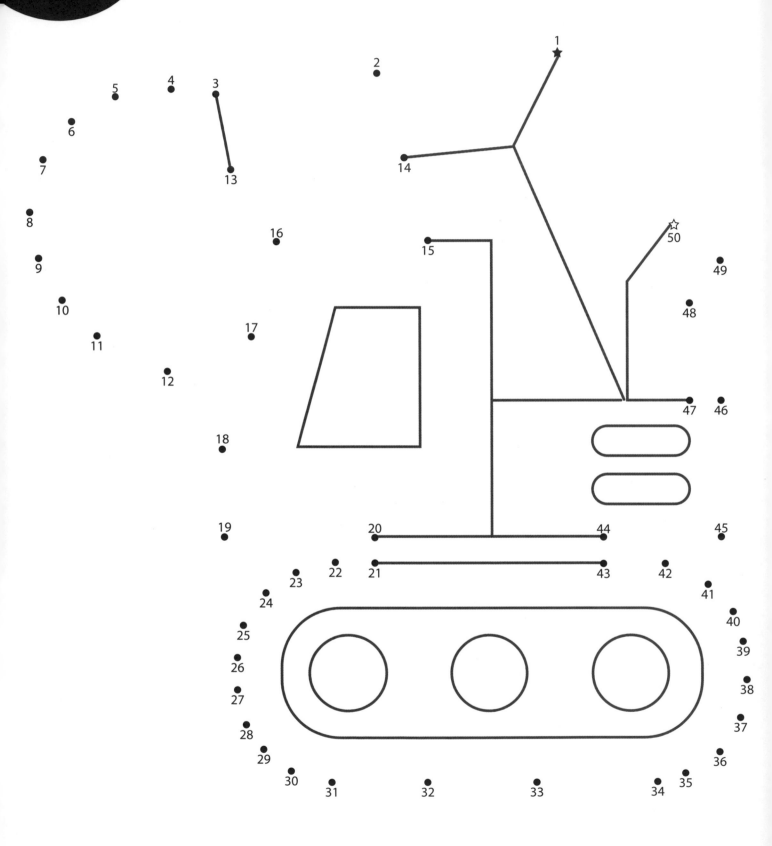

61

遊戲
小提醒

有順序地尋找，就可以找到下一個數字。

★ 起點
☆ 終點

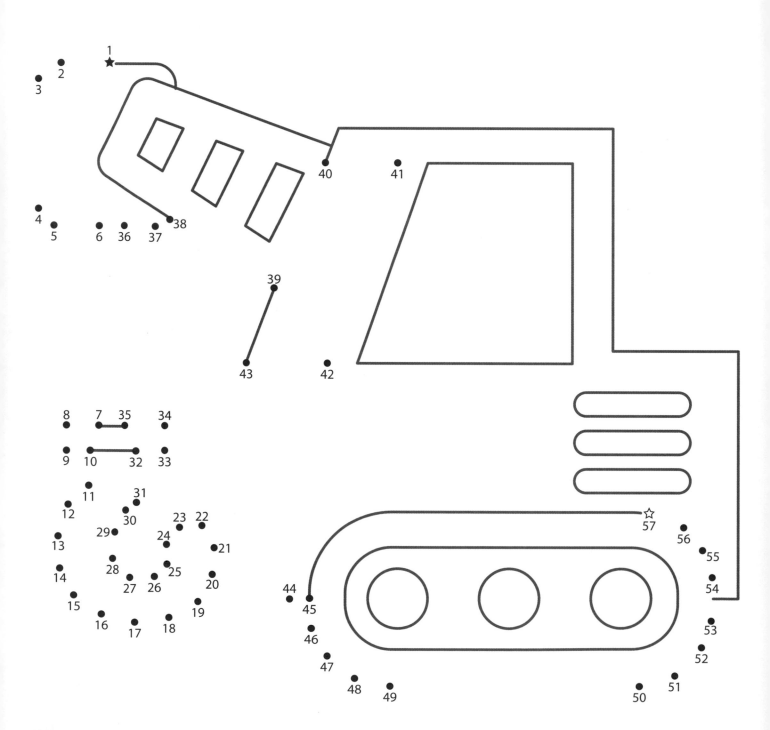

80

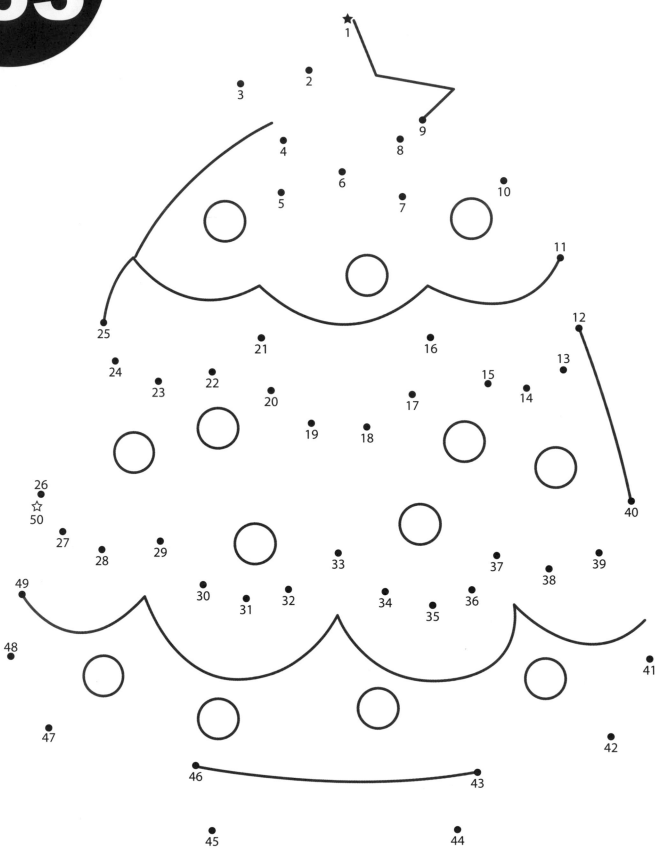

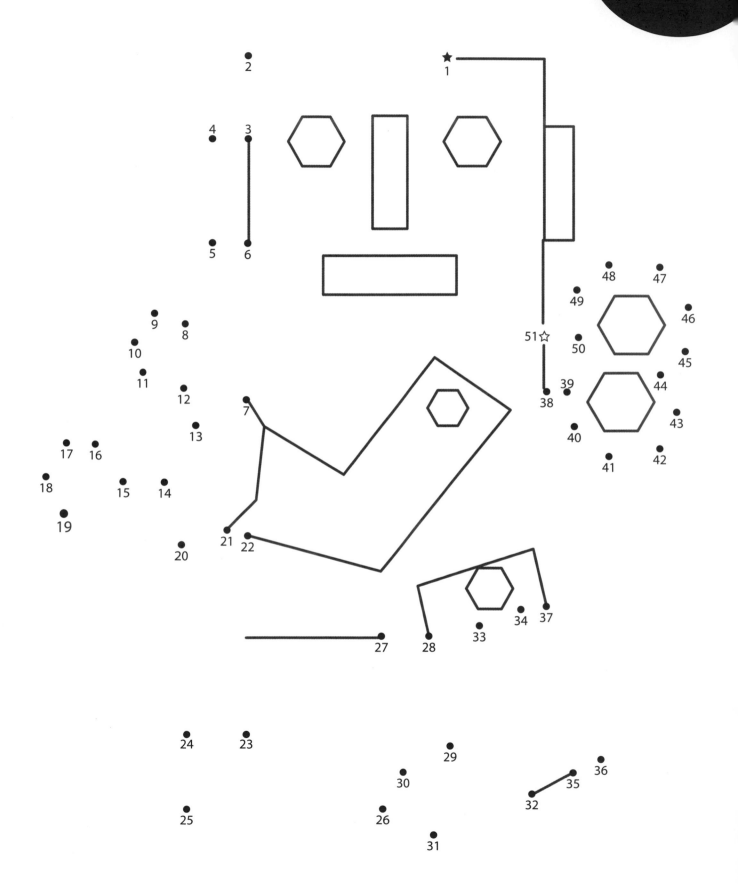

遊戲
小提醒 ----- 不需過度及不適當的訓練。

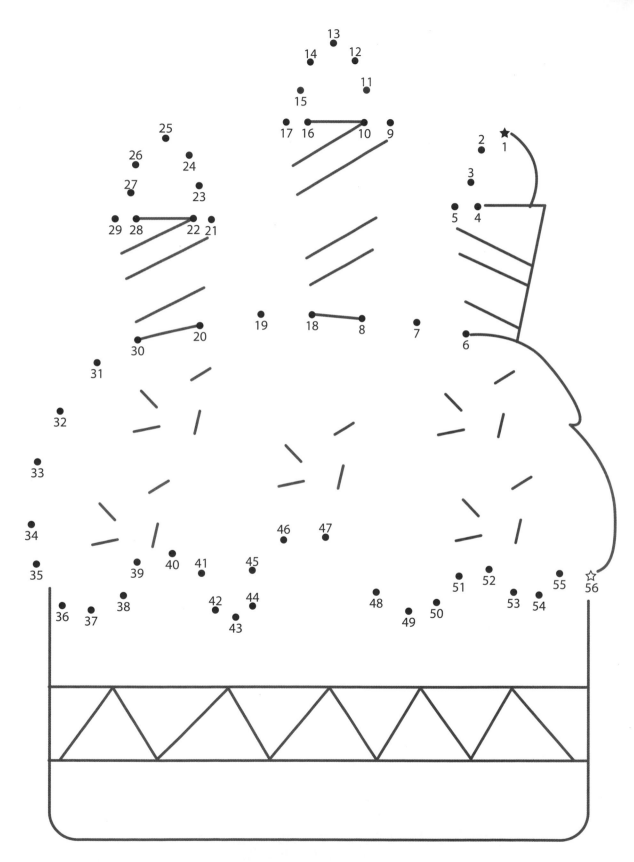

67

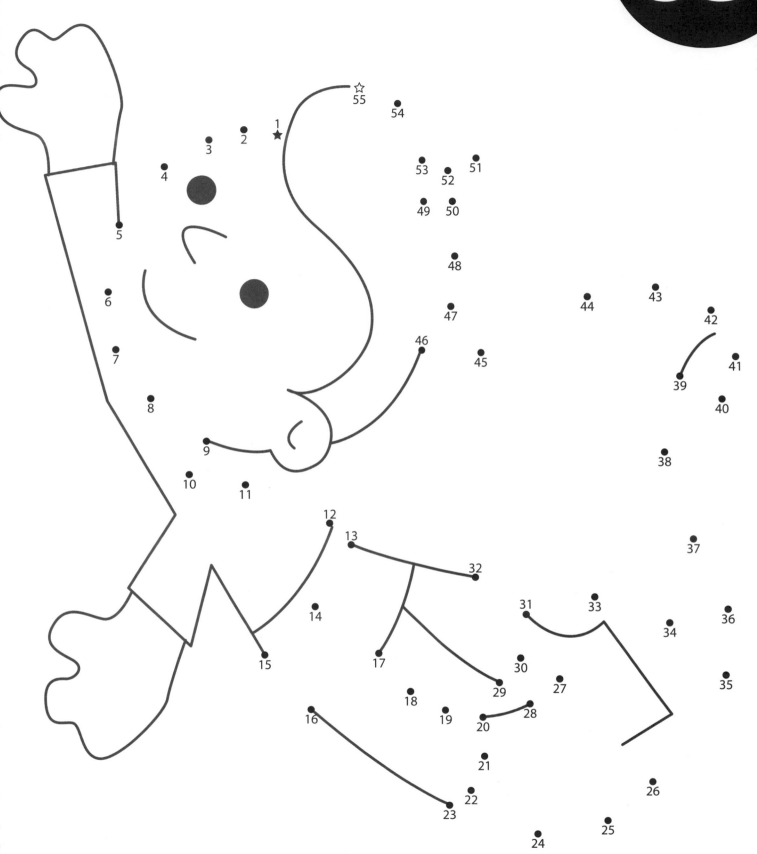

69

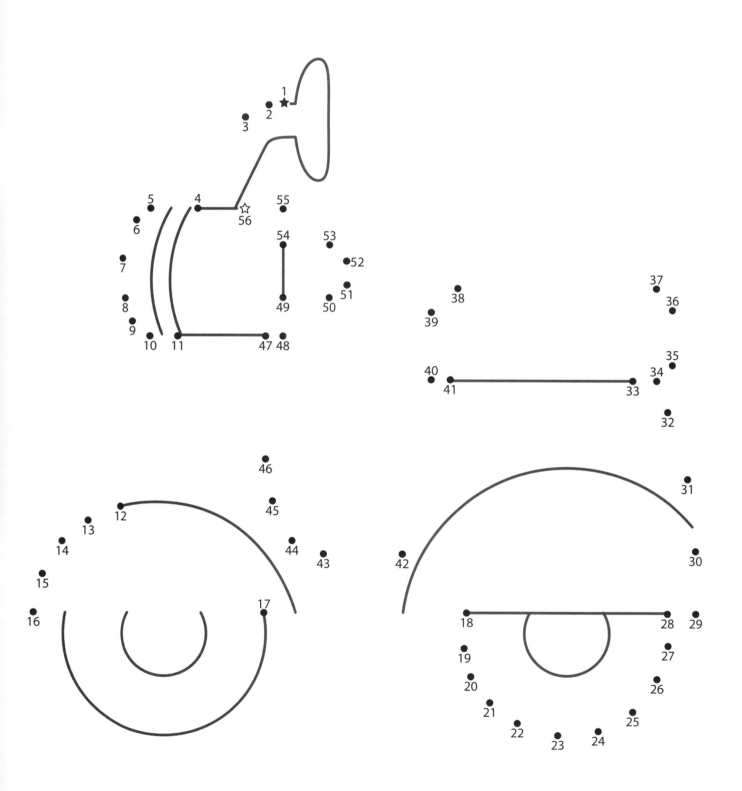

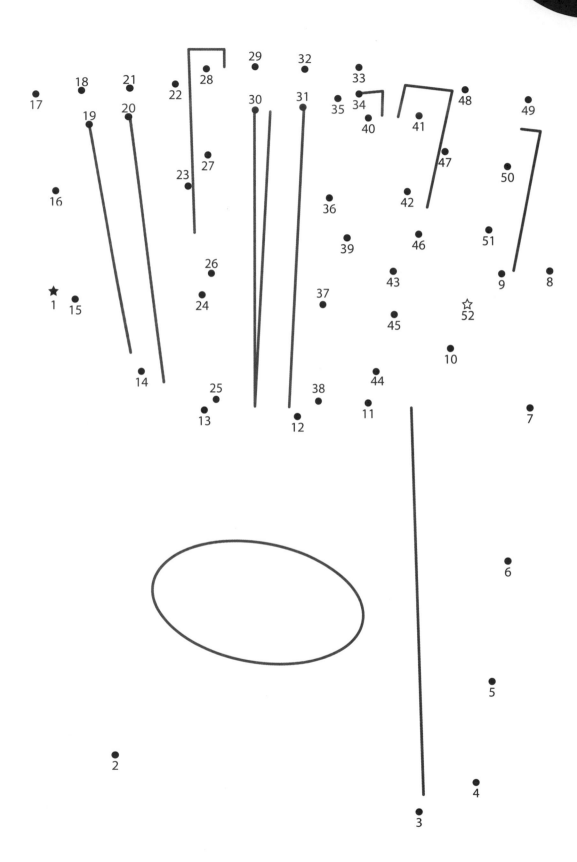

3
2
4
1
5
6
12
8
9
10
11
7
53
59
58
57
54
52
13
56
55
51
60
50
30
14
29
49
28
31
40
15
39
48
38
41
42
37
43
32
46
47
34
45
27
36
44
35
33
16
26
17
25
18
24
23
22
20
19
21

遊戲小提醒

專心是先天氣質之一，但是，透過後天的培養可以幫助孩子提升專注力。

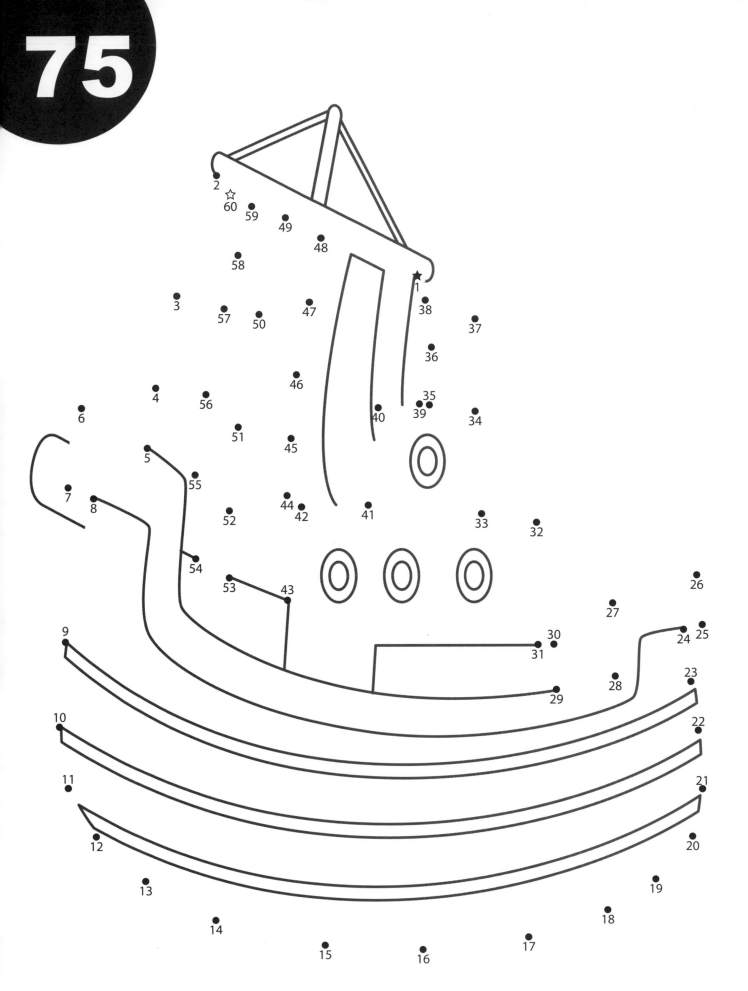

遊戲
小提醒　提供機會將遊戲中所學習到的技巧，應用到
日常生活。

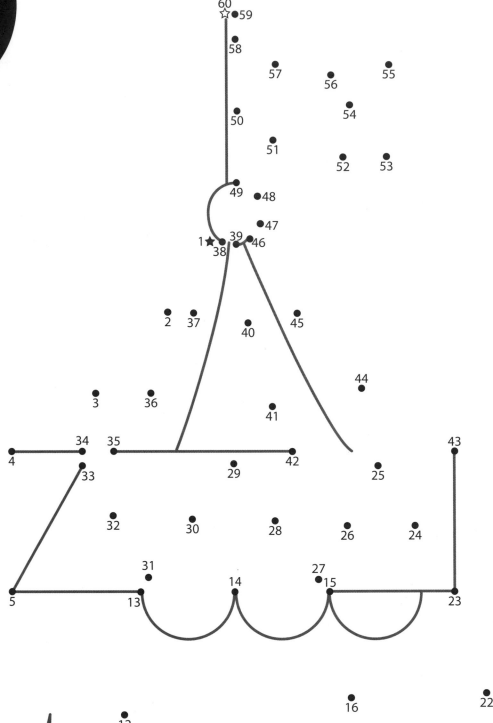

遊戲
小提醒

您需陪伴孩子進行這些遊戲，並適時地給予
鼓勵，陪伴與溫暖是孩子進步最大的動力。

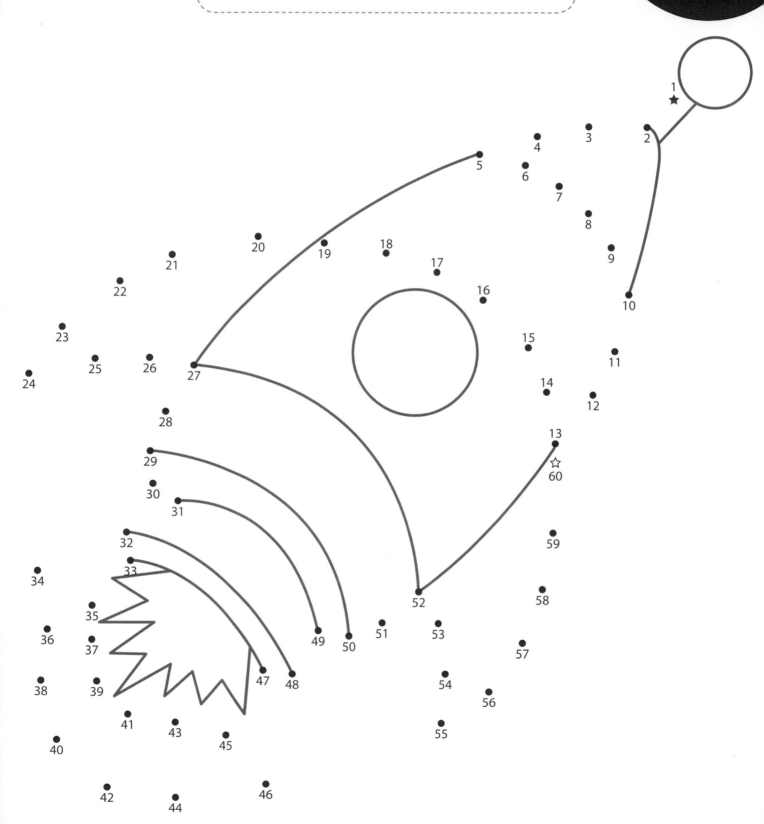

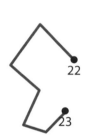

遊戲
小提醒
如果小孩完成遊戲，請稱讚他們，
以提升遊戲的動機。

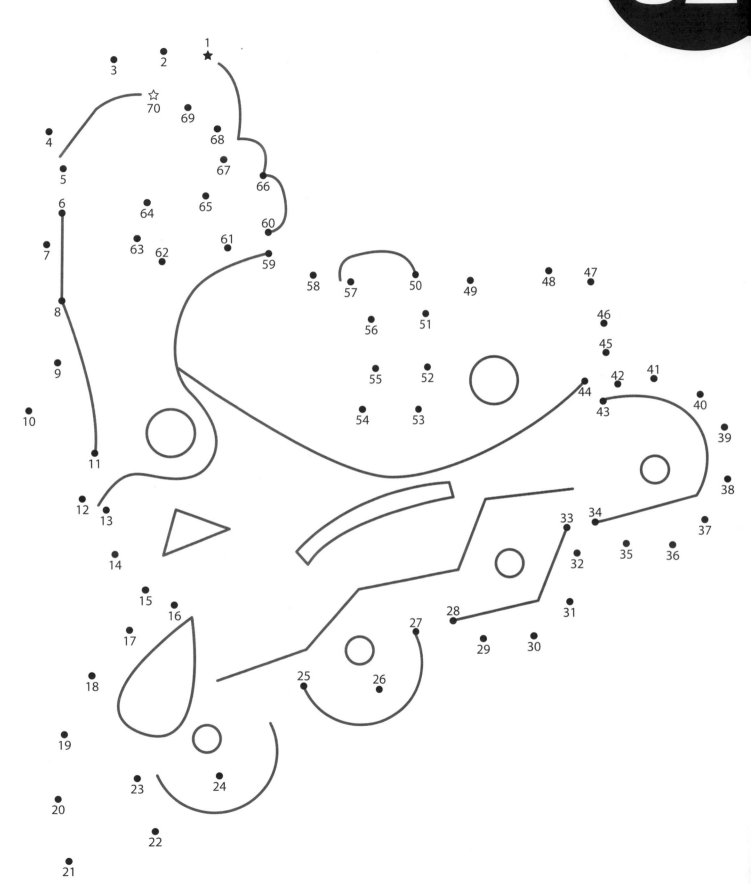

83

1
2
3
4
5
6
7
8
9
10
11
12
13
14
15
16
17
18
19
20
21
22
23
24
25
26
27
28
29
30
31
32
33
34
35
36
37
38
39
40
41
42
43
44
45
46
47
48
49
50
51
52
53
54
55
56
57
58
59
60
61
62
63
64
65
66
67
68
69
70

遊戲
小提醒　專心地逐一搜尋整張圖，才能找到答案。

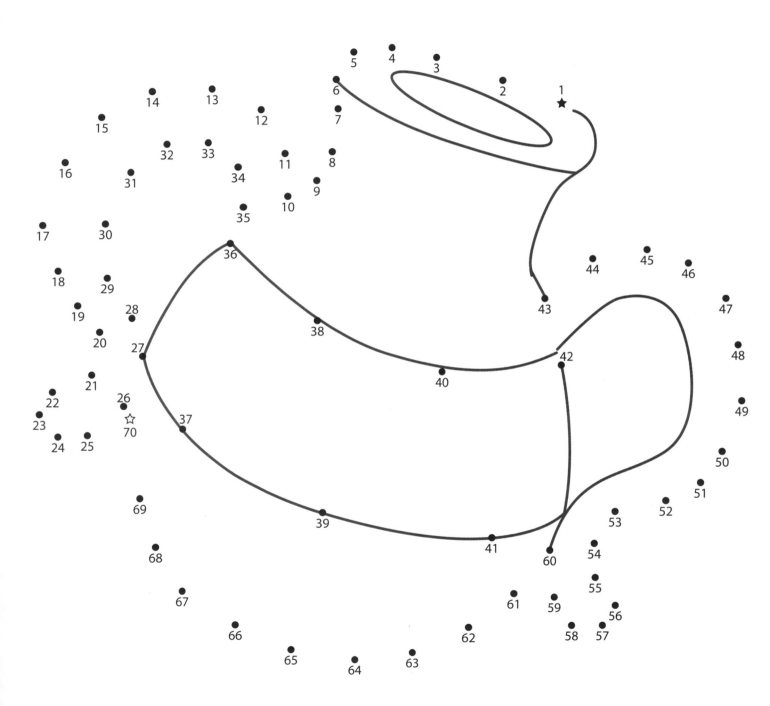

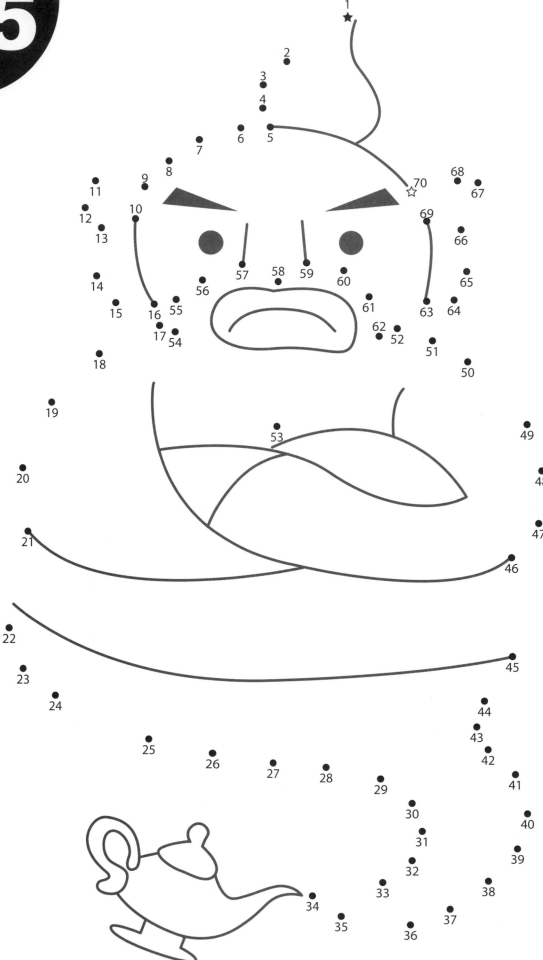

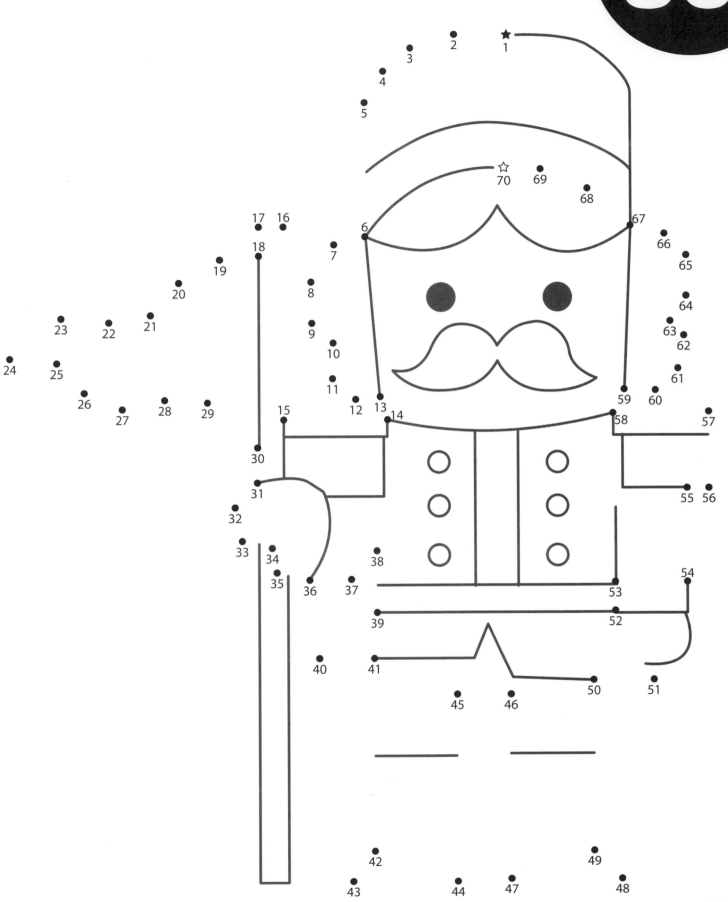

86

105

遊戲小提醒

圖形變複雜了，要慢慢找才能完成。

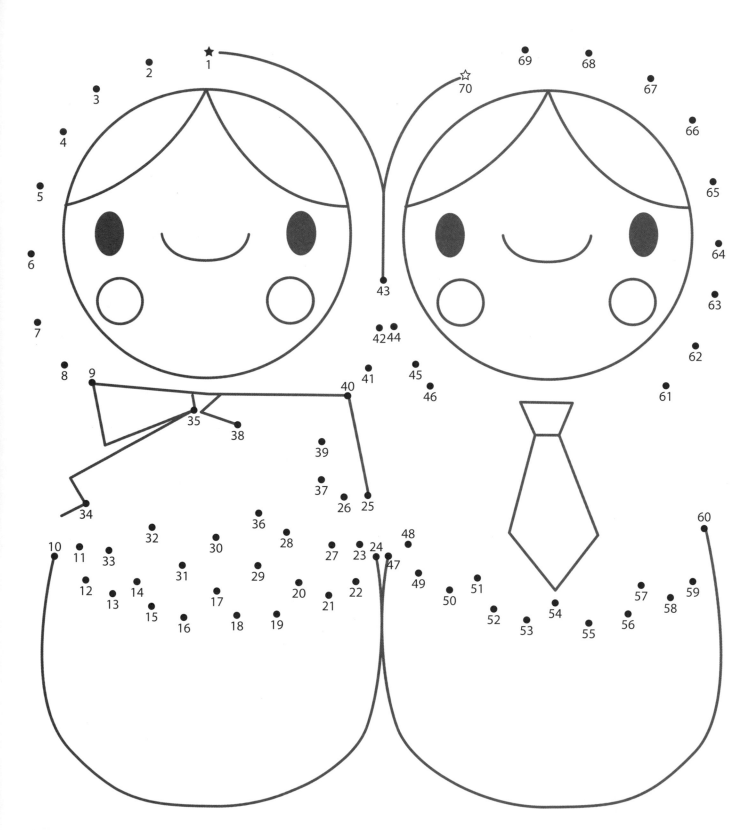

1
2
3
4
5
6
7
8
9
10
11
12
13
14
15
16
17
18
19
20
21
22
23
24
25
26
27
28
29
30
31
32
33
34
35
36
37
38
39
40
41
42
43
44
45
46
47
48
49
50
51
52
53
54
55
56
57
58
59
60
61
62
63
64
65
66
67
68
69
70
71
72
73
74
75
76
77
78
79
80

92

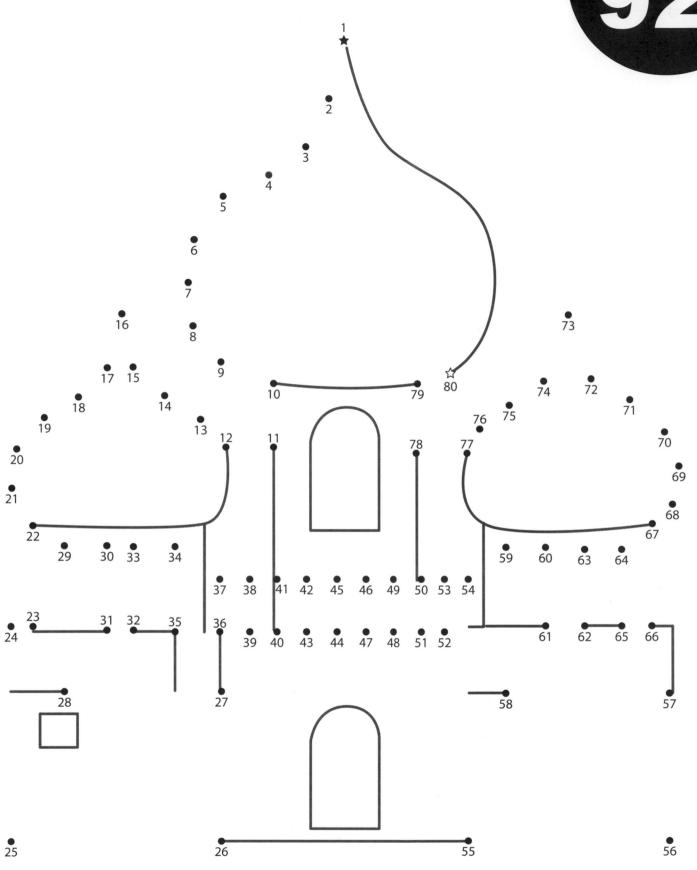

95

114

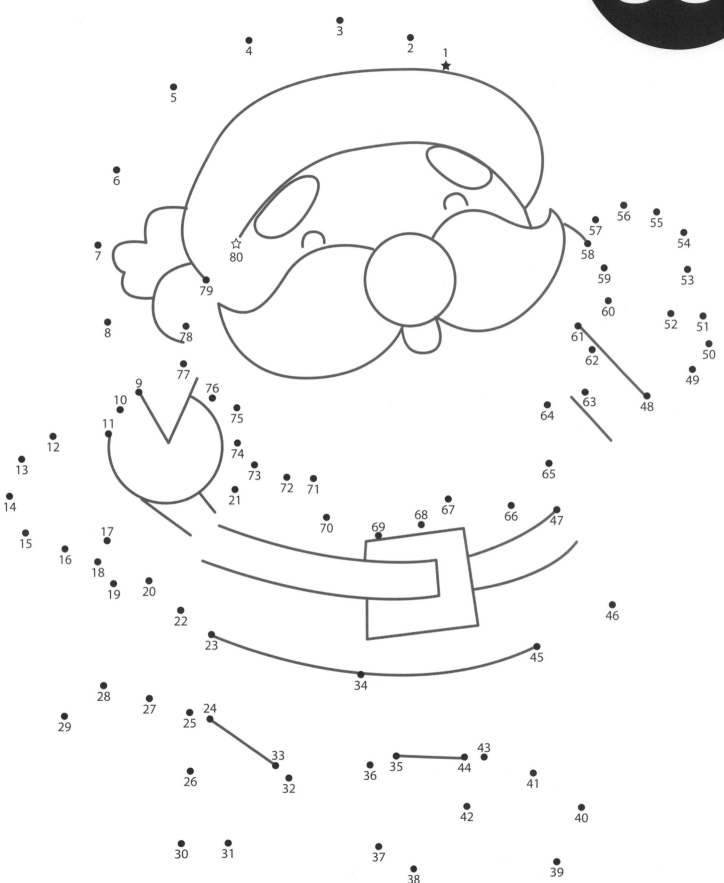

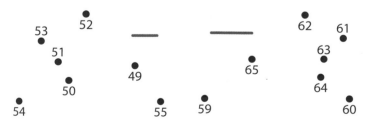

99

118

心得筆記

心得筆記

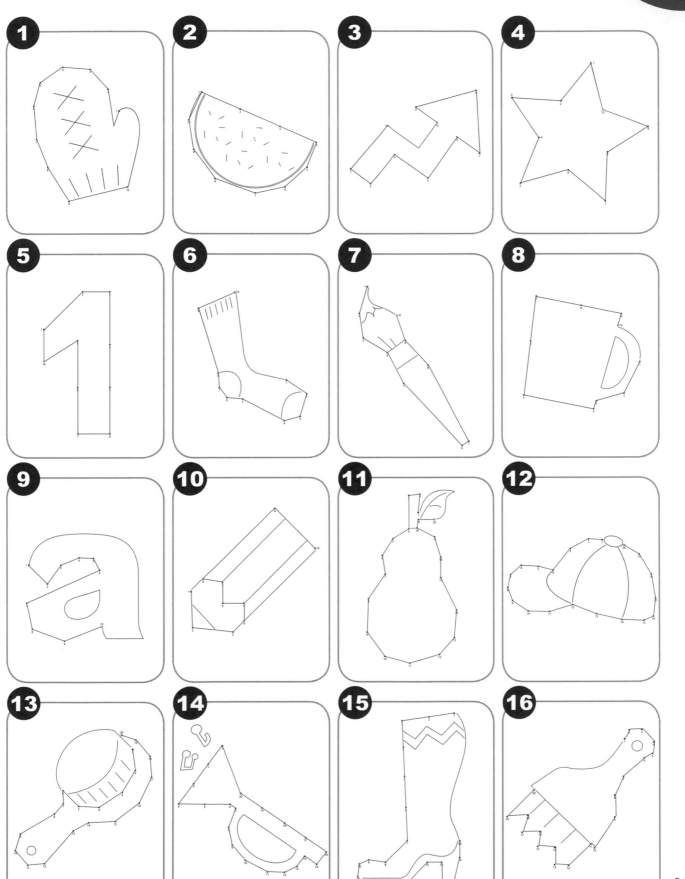

99連連看遊戲，把專心變有趣 暢銷增訂版

作　　者／許正典、林希陶
選　　書／林小鈴
主　　編／陳雯琪

業務副理／羅越華
行銷經理／王維君
總 編 輯／林小鈴
發 行 人／何飛鵬
法律顧問／台英國際商務法律事務所 羅明通律師
出　　版／新手父母出版
　　　　　城邦文化事業股份有限公司
　　　　　台北市中山區民生東路二段141號8樓
　　　　　電話：(02) 2500-7008　傳真：(02) 2502-7676
　　　　　E-mail：bwp.service@cite.com.tw
發　　行／英屬蓋曼群島商家庭傳媒股份有限公司城邦分公司
　　　　　台北市中山區民生東路二段141號11樓
　　　　　讀者服務專線：02-2500-7718；02-2500-7719
　　　　　24小時傳真服務：02-2500-1900；02-2500-1991
　　　　　讀者服務信箱 E-mail：service@readingclub.com.tw
　　　　　劃撥帳號：19863813
　　　　　戶名：書虫股份有限公司

香港發行所／城邦（香港）出版集團有限公司
　　　　　香港灣仔駱克道193號東超商業中心1F
　　　　　電話：(852) 2508-6231　傳真：(852) 2578-9337
　　　　　E-mail：hkcite@biznetvigator.com
馬新發行所／城邦（馬新）出版集團 Cite(M) Sdn. Bhd. (458372 U)
　　　　　11, Jalan 30D/146, Desa Tasik,
　　　　　Sungai Besi, 57000 Kuala Lumpur, Malaysia.
　　　　　電話：(603) 90563833　傳真：(603) 90562833

封面設計／徐思文
遊戲繪圖內頁排版／鍾如娟
製版印刷／卡樂彩色製版印刷有限公司

2021年7月15日 2版1刷　　　　Printed in Taiwan
定價250元

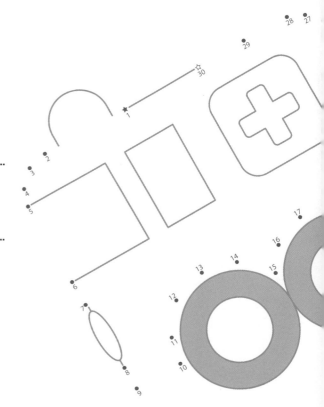

ISBN978-986-5752-99-6

城邦讀書花園
www.cite.com.tw